지역 격차

유동우

22

도서출판 해남

지역 격차

초판1쇄 인쇄 2026년 1월 16일
초판1쇄 발행 2026년 1월 23일

저 자 유동우
발행인 노현철
발행처 도서출판 해남

출판등록 1995. 5. 10 제 1-1885호
주 소 서울특별시 마포구 마포대로8길 9 영명빌딩 405호
전 화 739-4822
팩 스 720-4823
이 메 일 haenamin30@naver.com
홈페이지 www.hpub.co.kr

ISBN 978-89-6238-822-0 93320

이 저서는 2021년 대한민국 교육부와 한국학중앙연구원(한국학진흥사업단)을 통해 K학술확산 연구소사업의 지원을 받아 수행된 연구임(AKS-2021-KDA-1250002).

머리말

지역 격차 문제에 처음으로 관심을 가지게 된 계기는 지방대학교의 정원 미달 문제에 대해 고민하면서부터였습니다. 미달 문제의 해결 방법을 찾다 보니, 한국보다 먼저 인구 문제와 저출산, 청년 문제와 고령화를 겪었던 일본의 사례를 확인해 보고자 하였습니다. 그래서 친하게 지내고, 연구도 같이 하였던 일본 교수께 연락을 드렸습니다. 일본 도쿄에 위치한 대학에 근무하는 그 교수께서는 이렇게 답해 주셨습니다. "유 교수, 미안하지만 지금까지 일본 지방대학의 정원 미달 문제에 대해 생각해 본 적이 단 한 번도 없어요." 한국의 인구 문제와 저출산, 청년 문제와 고령화 등에 대해서는 항상 일본의 사례를 잘 알려 주던 교수였습니다. 그랬기에 대답은 더 충격적이었습니다. 도쿄에 있는 대학에서 일하는 교수에게는 지방대학의 정원 미달 문제는 자신과는 상관없는 세상의 이야기였습니다.

그래도 자료를 찾는 데 도움을 주었고, 관련 내용을 살펴볼 수 있었습니다. 그 교수는 이번에 처음으로 지방대학의 정원 미달 문제에 대해 찾아보았고, 또 실제로 장인께서 일본의 지방에서 사립대를 운영하고 있다고 하며 상황을 알려 주었습니다. 일본의 지방대학들은 정원 미달 문제를 겪고 있고, 미달 인원을 외국인 학생을 교육시키는 것으로 충원하고 있다고 하였습니다. 자료를 보니 일본 지방대학들의 정원 미달 문제는 20년이 넘는 기간 동안 전혀 해결되지 않았습니다. 일본의 지역 중 도요타가 위치하고, 나고야라는 대도시가 위치한 아이치현 지역에 있는 지방대학들만 유일하게 정원 미달 문제를 겪고 있지 않았습니다. 아마도 한국의 지방대학들도 일본의 현재 상황을 앞으로 그대로 따라갈 것이라 생각되었습니다.

한국의 지역 격차 문제에 대해서 서울 중심적인 시각이 아닌 다른 관점에서 바라보아야겠다고 마음먹은 것은 그 순간이었습니다. 그때의 생각은 경상일보에 연재하고 있던 「경제옹알이」라는 칼럼으로 쓰여졌습니다. 그렇기에 이 책에서는 칼럼에서 다루었던 내용들을 많이 활용하고 있습니다.

하지만 결과적으로 책은 전혀 다른 방향으로 쓰여졌습니다. 폴 크루그먼(Paul Krugman) 교수의 *Geography and Trade*라는 책을 자세하게 소개하는 것으로 생각을 바꾸었기 때문입니다. 2008년 노벨 경제학상을 수상한 크루그먼 교수는 뉴욕 타임즈에서 25년 동안 칼럼을 연재하였습니다. 미국 언론계의 노벨상이라고 할 수 있는 퓰리처상을 수상할 수도 있다고 평가될 만큼 글을 잘 쓰는 교수입니다. 그리고 미래에 대한 경제적 예측을 정확하게 하는 것으로도 상당히 유명합니다. 다른 경제학자들의 예측과는 다른 예측을 내놓는 경우가 많은데, 실제로 크루그먼 교수의 예측이 더 정확히 들어 맞았던 사례가 종종 있기 때문입니다.

예를 들어, 크루그먼 교수는 1994년 "The Myth of Asia's Miracle"이라는 논문에서 아시아 국가들의 빠른 성장은 한계를 맞이할 것이라는 주장을 합니다. 당시는 아시아 국가들의 빠른 경제성장이 관심을 받던 시기였는데, 다른 경제학자들과는 반대 주장을 한 것입니다. 그리고 1997년 동남아시아 국가들과 한국에 외환위기가 발생합니다. 따라서 크루그먼 교수의 분석이 더 정확하다고 평가되었습니다.

그런데 1998년 크루그먼 교수는 "What Happened to Asia?"라는 논문에서 한국은 동남아시아 국가들과는 다르다고 서술합니다. 한국에 외환위기가 발생하여 경제가 어려움을 겪을 때, 다른 경제학자들과는 달리 한국은 동남아시아 국가들과 다르다고 서술하였던 것입니다. 그리고 한국은 외환위기를 예상보다 빠르게 극복하였습니다. 따라서 크루그먼 교수의 분석이 또다시 더 정확하다고 평가되는 측면이 있습니다.

미래를 분석하고 예측하는 것은 어려운 일입니다. 그리고 분석과 예측에는 herding이라고 불리는 특징이 있습니다. herding은 원래는 동물들이 몰려다니는 것을 뜻하는 단어입니다. 그런데 미래를 분석하고 예측하는 것이 어려우니 다른 사람들과 비슷한 분석과 예측을 하게 되는 경향이 나타납니다. 다른 사람들과 비슷한 분석과 예측을 하면 틀려도 큰 문제가 없기 때문입니다. 크루그먼 교수의 분석과 예측이 더 주목을 받는 이유는 남들과 비슷하게 움직이는 herding에 영향을 받지 않기 때문인 측면도 있어 보입니다.

지역 격차에 대한 글을 쓰면서, 지역 격차 문제에도 herding이 이루어지고 있다는 느낌이 들었습니다. 지역 격차는 크고, 이를 해결해야 한다는 논리가 herding 되고 있는 듯하였습니다. 그런데 크루그먼 교수가 노벨 경제학상을 수상하는 데 중요한 역할을 하였던 그의 책은 전혀 다른 주장을 하고 있었습니다. 경제 활동의 지리적 집중이 발생하는 이유를 설명하고, 이를 정부가 인위적으로 해결하려 한다면 오히려 비효율성이 높아진다는 것입니다.

하지만 크루그먼 교수의 주장은 소개되지 않거나, 자본과 권력의 시각에서 서술되었다는 이유로 간단하게 반박당하는 듯하였습니다. 책의 방향이 바뀌게 된 것은 그러한 방식이 타당하지 않다고 생각하였기 때문입니다. 그래서 크루그먼 교수의 주장을 좀 더 쉽게 최대한 풀어서 설명하려고 하였습니다. 크루그먼 교수가 매우 글을 잘 쓰는 사람이기는 하지만, 경제학적 분석은 수학적 방식에 기초하고 있고, 일반적인 독자들은 수식이 나오면 책을 읽는 것을 바로 멈춰버리는 경우가 많다고 이야기되기 때문입니다.

사실 크루그먼 교수가 글을 잘 쓰고, 노벨 경제

학상을 수상하였다는 것과 과거의 예측이 매우 정확하였다는 것을 길게 설명한 이유는 이 책에서 수학적인 내용이 나올 때, 그래도 계속 읽어 달라는 부탁을 드리기 위해서입니다.

책을 처음 쓰게 된 계기는 지역 격차에 대해 질문을 하였던 한 학생 때문이었습니다. 그 학생의 질문에 제가 썼던 칼럼의 글들로 대답을 할 수 있다고 생각해서 책을 쓰기로 결정하였습니다. 그래서 중요한 질문을 해 주었던 그 학생에게 고맙다고 말하고 싶습니다. 하지만 책을 쓰며 제 경제옹알이 칼럼의 글들을 지워야 하였고, 책은 크루그먼 교수의 책 내용을 쉽게 설명하는 것으로 채워졌습니다. 책에 부족한 부분이 있다면, 제가 썼던 글들을 지우기 어려워하였던 제 마음 때문인 듯합니다.

아빠가 책을 쓴다고 하면, 그래도 아빠에게 놀아달라고 하는 것을 잠깐은 참아 주었던 래인이와 도윤이, 그리고 그 아이들을 돌보아 주었던 아내의 도움으로 책이 나올 수 있었습니다. 책을 잘 만들어 주신 해남의 편집진께도 감사드립니다.

2025. 12

유동우

차례

들어가며

지역 격차는 영어로 regional gap이라고 표현하는 것이 비교적 정확하지만, 시점에 따라 지역적 불평등을 의미하는 regional inequality라고 표현될 수도 있고, 경제적인 활동의 차이를 뜻하는 difference in economic performance between regions라고 표현될 수도 있다. 불평등을 뜻하는 inequality와 차이를 뜻하는 difference라는 단어가 가지고 있는 어감의 차이에서 알 수 있는 것처럼, 지역 격차에 대한 관점은 가치적 측면과 수학적 측면에서의 시각에 따라 달라지게 되는 것이 일반적이다.

가치적 측면에서의 지역 격차는, 경제적 사회적 불평등을 포함하며, 공간범주를 기준으로 해서 나타나는 포괄적인 차이 혹은 불균형이라고 생각될 수 있다(조명래 2013). 한국에서 일반적으로 인식되는 지역 격차의 개념은 '수도권과 비수도권 간의 격차', 도시화·공업화 지역 여부와 상관없이 경제적 격차를 포함한 넓은 의미의 사회적 격차를 포함하는 개념이라고도 할 수 있다.

하지만 가치적 시각을 제외한 수학적 시각에서는 지역 격차를 각 지역의 1인당 국내총생산의 차이로 정의한다(Bluedorn *et al*. 2019). 불평등, 차이, 또는 격차라는 관점을 제외하고 수학적 관점만으로 생각한다면 지역 격차의 원인은 geographic centralization이라고 영어로 표현되는 경제 활동의 지리적 집중•이다.

경제 활동의 지리적 집중: 공업벨트와 같은 경제 활동의 집중이 일어나는 지역이 발생하는 것을 의미한다. 이러한 경제 활동의 지리적 집중은 무역으로 국가 간에 분업과 특화가 발생하는 국제경제학 이론을 활용하여, 지역경제학 분야에서도 비슷한 개념을 사용하고 있다.

수학적 관점에서의 지역 격차가 발생하는 원인을 이해하기 위해서는 경제 활동의 지리적 집중이 발생하는 이유를 이해하는 것이 필요하다. 이 책에서는 경제 활동의 지리적 집중이 일어나는 이유를 Krugman(1991)의 간단한 모형으로 먼저 설명하고, 가치적 측면에서 논의되는 지역 격차의 개념, 예를 들어 수도권과 비수도권의 차이와 그러한 문제를 해결하는 방식에 대해서는 책의 후반부에서 논의한다.

지역 균형 발전: 지역 균형 발전에는 여러 가지 개념이 있을 수 있지만, 경제 활동의 지리적 집중 개념을 사용하면, 경제 활동의 지리적 집중이 발생하지 않는 것을 의미하고, 이 책에서는 2개의 지역이 있으면, 공장이 2개의 지역 모두에 지어지는 상황을 의미한다.

그리고 이 책에서는 경제 활동의 지리적 집중이 일어나고 지역 격차가 발생하는, 또는 반대로 지역 균형 발전•이 발생하는 경제적 조건을 수학적으로 설명하는 것에 좀 더 중점을 두고자 한다. 그리고 지역 격차의 해결이 가치적 측면과 형평성의 측면을 중시하는 시각에서 제시하는 방법으로 해결되는 것이 어려울 확률이 높다는 것을 Krugman(1991)의 모형에 기초하여 논의한다.

이는 Krugman(1991)의 모형이 지역 격차의 해결이 쉽지 않을 수 있다는 것을 포괄하여 설명하고 있는 좀 더 완결된 논리체계를 가지고 있기 때문이다. 예를 들어, Krugman(1991)의 모형은 서울로 지리적 집중이 일어나고, 서울의 인건비와 토지비용, 생산비용 등이 높아지더라도, 경제 활동이 주로 발생하는 지역적 범위가 인건비와 토지비용, 생산비용이 낮은 지방으로 변경되기 어렵다는 것을 일관적인 논리체계에서 설명하고 있다.

다만, Krugman(1991)의 모형은 수학적으로 설명되고 있고, 그 모형은 수학을 일반적인 독자가 이해하기 어렵다는 이유로 자세히 설명되지 않는 경우가 많다. 반대로 가치적 측면에서의 지역 격차는 지역 격차의 심각성을 보여 주는 데이터로 쉽게 설득해 낼 수 있으며, 이러한 심각한 격차를 해결하는 것이 필요하다는 비교적 일반 독자들이 이해하기 쉬운 논리로 진행되는 측면이 있다.

하지만 수학적 논리를 일반 독자들이 이해하기 어렵고, 가치적 논리를 이해하기 쉽다는 것이, 수학적 논리가 타당하지 않다는 것을 의미하지는 않는다. 지역 격차의 문제점이 심각하다고 하더라도, 이를 해결하는 단기적 대책이 오히려 장기적 문제 해결을 어렵게 하는 복합적인 상황이 발생하는 경우에는, 지역 격차를 해결해야 한다는 당위에 근거한 단기적 대책이 오히려 비효율성을 높이고, 장기적이고 근본적인 문제 해결을 어렵게 하는 경우가 있기 때문이다. 따라서 이 책에서는 Krugman(1991)의 수학적 모형을 최대한 자세하게 설명하는 것을 첫 번째 목적으로 한다. 그리고 그 모형에 근거하여 가치적 시각과 정책에 대해 분석하는 것을 두 번째 목적으로 한다.

1

경제 활동의 지리적 집중

집중의 원인

경제적 균형

집중의 원인

기본적으로 경제적 활동이 특정 지역에 집중되는 이유는 규모의 경제•와 고정비용•, 운송비용 그리고 수요 때문이라고 할 수 있다. Krugman(1991)에 따르면, 규모의 경제가 존재할 경우 생산자는 국내 시장 전체에 판매할 상품을 하나의 지역에서 생산하는 것을 선호하게 된다. 그리고 운송비용을 최소화하기 위하여 수요가 높은 지역을, 다시 말해 인구가 밀집된 지역을 선택하게 된다.

그런데 수요는 생산자가 모이기 시작하면 더 높아지게 된다. 생산 활동을 위한 인구가 모여들기 때문이다. 따라서 인구가 많은 지역에 공장이 건설되기 시작하면, 운송비용이 최소화되기 때문에 생산자들이 더 많이 모이게 되고, 다시 인구가 증가하고, 그로 인해 수요가 더 높아지고, 또 생산자가 더 많이 모이는 순환적인 관계가 설립된다.

생산자들이 모여 있는 곳을 공업벨트라고 하는데, 경제학 모형에서는 공업벨트가 한 번 형성될 경우 경제 활동의 지리적 집중이 발생한다는 것을 여러 가지 가정에 기초한 수학적 모형을 통해서 설명

규모의 경제: 더 많은 양을 생산할수록 평균 생산비가 낮아지는 현상을 말한다.

고정비용: 투자가 진행된 이후에 회수하기 어려운 비용을 말한다. 예를 들어, 공장을 설계하는 데 필요한 비용은 투자가 진행된 이후에는 회수하기 어렵다. 하지만 영업용 자동차와 같은 경우는 중고차로 판매하면 투자한 비용을 어느 정도 회수할 수 있다.

하고 있다. 하지만 복잡한 수학적 모형을 설명하지 않고도 간단한 예를 활용하여 어느 정도의 직관적 설명을 제공하는 것은 가능하다. 따라서 이 책에서는 단순화한 예시를 통해 경제 활동의 지리적 집중이 일어나는 이유를 설명하고자 한다.

우선, 하나의 국가에 동쪽 지역과 서쪽 지역이 있고, 공산품과 농산물이 생산된다고 생각할 수 있다. 동쪽 지역과 서쪽 지역의 땅의 넓이가 같고, 따라서 농업인구는 동쪽과 서쪽에 50대 50으로 동일하게 분포한다고 가정•하자.

가정: 경제학에서 가정은 간단한 설명을 위해 설정한 상황들을 의미한다. 그리고 이러한 가정이 현실과 차이가 있어도 분석 결과에는 큰 차이가 없는 정도에서 설정된다. 또한 너무 단순해 보이는 가정들은 이후 더 정교한 분석에서는 현실에 보다 가까운 형태를 가지도록 완화된다.

농업인구가 동쪽과 서쪽에 동일하게 분포하기 때문에 공산품에 대한 초기 수요는 동쪽과 서쪽에서 동일하게 발생하는 상황이 된다. 따라서 기업가의 입장에서 공장을 동쪽에 지을 수도 있고, 서쪽에 지을 수도 있다. 만약 공장을 동쪽에 지으면, 서쪽 지역에 물건을 팔기 위해서는 운송비용이 발생하게 된다. 반대로 공장을 동쪽 지역과 서쪽 지역에서 각각 하나씩 2개를 지으면, 운송비용은 적게 들지만, 공장 건설비와 같은 고정비용이 2배가 된다. 따라서 공장을 처음 설립하려는 기업가의 입장에서는 공장을 하나 건설하고 운송비를 많이 지출할 것인지, 또는 공장을 2개 건설하고 더 많은 고정비용을 지출하지만 운송비를 적게 지출할 것인지를 결정하는 것이 중요한 문제가 된다.

공장이 처음으로 설립되면, 공장에서 일하는 사람들은 공장이 있는 곳으로 비교적 빠르게 이동하고, 공산품에 대한 수요는 인구에 비례한다고 하자. 총인구를 10명이라고 하고, 간단한 설명을 위해 10명 중에 6명이 농업인구라고 가정하자. 그 경우에 동쪽에 3명의 농업인구가 있고, 서쪽에도 3명의 농업인구가 있게 된다. 그리고 공업인구는 4명이 된다.

공장을 동쪽에 지으면 공업인구는 동쪽으로 이동하여, 동쪽에는 3명의 농업인구에 4명의 공업인구가 더해져 총 7명의 인구가 있게 된다. 따라서 공장에서 10개의 공산품을 생산하면, 동쪽에는 7개의 공산품에 대한 수요가 발생한다. 그리고 서쪽에는 3명의 농업인구가 있으므로 3개의 공산품에 대한 수요가 발생한다. 따라서 동쪽 지역에 경제 활동의 지역적 집중이 일어나게 된다.

반대로 공장을 동쪽에도 짓고 서쪽에도 지으면, 공업 인구는 동쪽에 2명, 서쪽에 2명 있게 된다. 이 경우에는 동쪽에 농업인구 3명과 공업인구 2명이, 그리고 서쪽에도 농업인구 3명과 공업인구 2명이 있게 된다. 공산품에 대한 수요도 동쪽에서 5개, 서쪽에서 5개가 된다. 따라서 경제 활동의 지역적 집중이 발생하지 않는다.

초기 조건: 경제학에서 초기 조건은 모형에서 처음으로 주어지는 상황에 대한 초기 설정값이라고 할 수 있다. 쉽게 설명하면, 강이 있는 지역은 수상 교통에 처음부터 접근이 가능하지만, 강이 없는 지역은 수상교통에 접근이 불가능한 상황이 되는 것이 초기 조건의 차이라고 할 수 있다.

경제학 이론은 이러한 상황에서 초기 조건•에 따라 지역적 집중이 일어날 수도 있고, 일어나지 않을 수도 있다는 것을 보여 준다. 하지만 동시에 역사적으로는 대부분의 선진국에서 지역적 집중이 발생하였고, 어떤 경로로 지역적 집중이 발생하는지를 설명하는 방식으로 논의가 진행된다. 그리고 지역적 집중이 발생하는 경로에는 초기 조건과 과거의 선택, 그리고 우연이 중요한 역할을 한다는 분석을 제공한다. 마지막으로 발생한 지역적 집중을 해결하는 것이 어렵다는 설명을 제시한다.

공장의 지역적 집중이 발생하는지의 여부는 앞에서 말하였던 것처럼 규모의 경제, 공장 건설비와 같은 고정비용, 생산된 공산품을 다른 지역으로 옮기는 운송비용, 그리고 인구에 비례해서 발생하는 수요에 의해서 결정된다. 따라서 공장 건설비와 같은 고정비용과 운송비용이 정해져야 분석을 진행

할 수 있다.

간단한 설명을 위해 공장 건설비는 4이고, 운송비는 공산품 1개를 옮기는 데 1이 발생한다고 하자. 표 1은 고정비용과 운송비용이 간단하게 설정되었을 때, 공장의 위치에 따른 기업의 생산비용이 어떻게 결정되는지를 보여 준다. 그리고 이러한 생산비용들을 기초로 지리적 집중이 발생하게 되는지, 또는 발생하지 않는지를 설명하는 것에도 사용된다.

그런데 표의 구조가 대칭적이고, 상황에 따라 참조하는 부분이 다르기 때문에 이해하기 어려운 부분이 있다. 따라서 이후의 서술에서는 표 1의 어

|표 1| **공장의 위치에 따른 기업의 생산비용**

		동쪽 건설	동쪽과 서쪽 건설	서쪽 건설
동쪽 인구 집중	고정비용	4	8	4
	운송비용	3	0	7
	총비용	7	8	11
동쪽과 서쪽 인구 양분	고정비용	4	8	4
	운송비용	5	0	5
	총비용	9	8	9
서쪽 인구 집중	고정비용	4	8	4
	운송비용	7	0	3
	총비용	11	8	7

떤 부분을 참조해야 하는지를 서술해 두었으니, 그 부분을 참조하면 논리구조를 따라오는 것에 도움이 될 것이다.

만약 기업가가 공장을 동쪽에 지으면 동쪽에는 7명의 인구가 집중되고(농업인구 3명+공업인구 4명), 공산품 수요 7개가 발생한다. 그리고 서쪽에는 3명의 농업인구가 있고, 공산품 수요 3개가 발생한다. 따라서 서쪽으로 3개의 공산품을 옮기기 위해 3의 운송비용이 발생하게 된다. 공장 건설비를 포함한 고정비용이 4이기 때문에, 기업의 총비용은 고정비용 4와 운송비용 3을 더해서 7이 된다. 표 1의 동쪽 인구 집중, 동쪽 건설에서 보여 주는 고정비용, 운송비용, 총비용의 수치는 이러한 상황을 표현한다.

반대로 공장을 동쪽과 서쪽에 각각 하나씩 지으면, 동쪽에도 5명의 인구가 있고(농업인구 3명+공업인구 2명), 서쪽에도 5명의 인구가 있게 된다(농업인구 3명+공업인구 2명). 공산품의 수요도 동쪽에서 5개, 서쪽에서 5개가 발생하게 된다. 공산품은 동쪽 공장에서 생산해서 동쪽 지역에 공급하고, 서쪽 공장에서 생산해서 서쪽 지역에 공급하기 때문에, 공산품을 동쪽에서 서쪽으로 옮기는 운송비용은 발생하지 않게 된다.

따라서 기업의 총비용은 공장 2개를 건설하는 것을 포함한 고정비용 8과 운송비용 0을 더해서 8이 된다. 표 1의 동쪽과 서쪽 인구 양분, 동쪽과 서쪽 건설에서 보여 주는 고정비용, 운송비용, 총비용의 수치는 이러한 상황을 표현한다.

따라서 이러한 비용구조하에서는 기업은 동쪽에 공장을 건설하는 것을 선호하게 된다. 동쪽에 공장 1개를 건설하고, 고정비용 4와 운송비용 3을 부담하는 것이, 동쪽에 공장 1개, 서쪽에 공장 1개를 건설하고 고정비용 8을 부담하는 것보다 유리하기 때문이다.

경제적 균형

표 1과 같은 비용구조하에서 동쪽에 공장을 건설하는 것이 유일한 경제적 균형•인 것은 아니다. 앞의 분석에서는 공장이 동쪽에 지어지는 것이 더 유리하지만 7과 8이라는 비용은 그 차이가 그리 크지 않고, 공장 건설비용을 4, 운송비용을 3으로 정하였기 때문에 그 차이가 발생하였다고 생각할 수

경제적 균형: 경제학에서는 경제적 균형이라는 개념을 사용하는데, 동쪽에 공장을 건설하였을 때의 총비용이, 동쪽과 서쪽에 공장을 각각 건설하는 것보다 더 유리한 상황에서 동쪽에 공장을 건설하는 것이 경제적 균형이라고 표현된다. 경제적 균형점이 하나만 있을 경우 유일한 균형점이라고 한다. 이 경우에는 균형점이 하나만 있기 때문에 다른 균형점으로 이동하지 않고, 안정적인 균형점이 된다.

도 있다.

실제로 1개의 공산품을 옮기기 위해 필요한 운송비용을 1이 아니라 2로 정하면, 공장을 동쪽에 지을 경우 고정비용 4와 운송비용 6이 발생하여 총 10의 비용이 발생하게 되고, 공장을 동쪽과 서쪽에 각각 하나씩 지을 경우 고정비용 8만 발생하게 되어, 기업은 공장을 동쪽과 서쪽에 각각 하나씩 건설하는 것을 선호하게 된다.

따라서 이 간단한 모형에서 볼 수 있는 것은, 우선 경제 활동의 지역적 집중이 운송비용과 밀접한 관련이 있다는 것이다. 운송비용이 높은 상태에서는 공장을 각 지역마다 건설하는 것이 유리하고, 운송비용이 낮은 상태에서는 공장을 한곳에 건설하는 것이 유리하다. 그리고 선진국과 우리나라의 공업화 역사를 보면, 공업화 초기의 운송비용은 매우 높았다고 할 수 있으며, 이후 지속적으로 하락해 왔다.

따라서 운송비용이 높은 상황에서는 공장의 설립이 지역적으로 비교적 균일하게 나타나지만, 운송비용 하락이 나타나면, 공장을 동쪽에만 짓는 것이 더 선호되는 상황으로 변화하게 되는 것이고, 실제 미국의 공업화도 비슷한 방향으로 이루어지는 모습을 보인다. 우리나라의 경우에도 경부고속도로 건설을 포함한 교통 인프라에 대한 투자가 이루어지고 운송비용은 지속적으로 하락해 왔다.

하지만 운송비용을 변화시키지 않더라도, 앞에서 제시한 고정비용 3, 운송비용 1개당 1 모형은 동쪽과 서쪽에 공장을 동시에 건설하는 것도 하나의 경제적 균형점이 될 수 있음을 보여 준다. 동쪽에 5명의 인구와 서쪽에 5명의 인구가 있는 상황을 다시 생각해 보자. 그리고 동쪽과 서쪽에 공장을 각각 하나씩 지으면 8의 고정비용이 발생한다.

그런데 반대로 동쪽에만 공장을 지으면 고정비용 4와 서쪽의 인구 5명에서 발생하는 공산품 수요 5개에 대한 운송비용 5를 더한 총비용 9가 발생하게 된다. 표 1에서의 동쪽과 서쪽 인구 양분, 동쪽 건설은 이러한 상황을 표현한다.

따라서 초기에 인구가 균일하게 지역적으로 나뉘어 있다면, 동쪽과 서쪽 모두에 공장을 짓는 것이 더 유리하다. 이러한 상황에서는 양쪽 지역의 균일한 인구가 계속 이어지고 경제 활동의 지리적 집중이 발생하지 않게 된다. 이러한 상황은 지역 균형 발전을 중시하는 측면에서 목표로 하는 이상적인 상황이다.

하지만 표 1에서는 이미 동쪽에 공장이 건설되어 있는 상태에서, 경제 활동의 지리적 집중을 해소하기 위해 서쪽에 공장을 건설하는 것은 문제가 될 수 있다는 것도 확인할 수 있다. 동쪽에 공장이 이미 건설되어 있는 상태에서, 서쪽에 공장을 다른 기업가가 새로 건설한다고 가정해 보자. 운송비용이 높은 상황에서 인구의 이동이 바로 이루어지지 않으면, 동쪽에 7명의 인구(농업인구 3명+공업인구 4명)가 집중되어 있고 서쪽에 3명(농업인구 3명)의 인구가 있게 된다. 이 경우 서쪽에 공장을 건설하는 것을 포함한 고정비용 4와 서쪽에서 동쪽으로 7개의 공산품을 운송하는 비용 7이 더해져 총 11의 비용이 발생하게 된다.

따라서 새로운 기업가는 동쪽에 공장을 건설하는 것을 포함한 고정비용 4와 동쪽에서 서쪽으로 3개의 공산품을 운송하는 비용 3을 더한 총비용 7을 부담하는 것을 더 선호하게 된다. 표 1에서의 동쪽에 집중, 서쪽 건설은 이러한 상황에서의 비용구조를 표현하고 있다.

결론적으로 표 1에서 제시된 간단한 모형이 보여 주는 것은 인구가 비교적 균일하게 분포되어 있는 농업사회에서 공업화가 시작되면, 공장 건설비와 운송비에 따라 동쪽 지역에 공장을 건설하면서 지역적 집중이 일어나 계속 동쪽에 공장을 건설하는 상황이 발생할 수도 있고, 아니면 동쪽과 서쪽에 공장을 모두 건설하여 인구가 계속 균일하게 분포될 경우, 두 지역에 공장을 분산하여 건설하는 것이 유리한 상황이 발생할 수도 있다는 것이다.

지역 균형 발전이라는 가치적 측면에서 보면 공장을 동쪽과 서쪽에 모두 건설하고, 인구가 균일하게 유지되는 상황을 지속시키는 것이 더 좋은 균형점이라고 생각될 것이라 판단된다. 하지만 경제학 모형과 역사적 사실에 기초한 분석 결과는 공장이 동쪽과 서쪽에 모두 건설되는 균형점보다는 경제 활동의 지리적 집중이 이루어지는 균형점이 보다 잘 발생한다는 것을 보여 준다. 그리고 표 1과 같이 이미 동쪽에 공장이 집중되어 있는 상황에서는, 균형 발전을 위해 서쪽에 공장을 건설하는 것은 합리적 선택이 되지 못할 수 있음을 보여 주고 있다.

하지만 동시에 경제학 모형과 역사적 사실에 기

초한 분석 결과는 인구 분포가 변화하고, 경제적 조건들이 변화하고, 석유 발견과 같은 우연적 요인• 들이 겹쳐진 경우에는 동쪽에 공장이 집중된 상황에서 서쪽에 공장을 짓는 것도 가능하다는 것을 보여 주고 있다. 그렇지만 제품의 생산과 운송이 공산품과는 다른 서비스업•이 중심인 현재 상황에서, 인구가 밀집된 경제중심지 또는 서비스 활동 중심지의 인구를 다른 지역에 공장을 건설하여 이동시키는 것은 어려울 것이라는 표 1과 같은 분석 결과를 제공한다.

경제 활동의 지리적 집중을 구체적인 사례를 통해 설명하기 위해 미국 공업화의 역사를 보면, 공업화 초기에는 공업화의 환경이 조성되어 있고, 동시에 농업인구가 밀집된 지역에 초기의 공장들이 건설되는 것을 볼 수 있다. 그리고 시간이 흐르면서 공장들이 특정 지역에 점점 집중되고 공업벨트가 조성되는 것이 관찰된다. 운송비용이 높은 공업화 초기에는 공업벨트의 조성이 두드러지지 않다가, 운송비용이 하락하고 초기 공업벨트가 조성되면, 새로운 기업들이 공업벨트로 모여들어 지역적 집중이 일어나는 역사적인 경로를 보여 주는 것이

우연적 요인: 경제학에서는 모형에서 통계적 분포를 사용하기 때문에, 결과가 확률적으로 나타나게 된다. 그런데 확률적으로 나타나기 어려운 상황이나 예측하지 못하는 상황이 갑작스럽게 발생하는 것을 우연적 요인으로 확률적으로 모형화한다.

공산품과는 다른 서비스업: 공산품은 영어로 tradable goods로 구분되고, 서비스업은 영어로 non-tradable goods로 구분된다. 이 구분의 차이는 공산품은 명확하게 운송이 가능하지만, 서비스 활동은 공산품과 같은 운송이 어렵다는 점에 기반하고 있다.

다. 표 1은 간단한 모형하에서 이러한 상황이 어떻게 발생하는지를 간단한 예시를 통해 구조화하여 표현하고 있다.

한국 공업화의 역사도 매우 비슷한 경로를 밟았던 것을 관찰할 수 있다. 한국 공업화 초기의 운송비용은 매우 높았다. 현대건설이 한국 최초의 시멘트 공장을 건설하였을 때에는 운송수단이 없어 건설재료를 문경역에서 공사 현장까지 사람들이 직접 나르기도 하였던 것이 한국의 현실이었다(현대건설 2022: 161).

이러한 상황에서 공업벨트를 조성하는 것보다는 공장을 건설할 수 있는 조건을 가진 곳에 공장을 건설하는 것이 더 합리적인 선택이 되는 것이다. 하지만 박정희 정부의 경제개발정책에 따라 울산과 포항을 포함하는 남동임해공업지대에 공업벨트를 조성하게 된다. 그리고 이러한 공업벨트가 조성되고 나자 관련 기업들은 남동임해공업지역으로 모여들고 지역적 집중이 일어났다.

2

지역적 집중 또는 균형 발전의 결정 모형

PP곡선과 MM곡선

앞에서 설명하였던 것처럼, 기업들이 공업벨트로 모여드는 것이 경제 활동의 지리적 집중을 분석하는 모형에서 가능한 유일한 경제적 균형인 것은 아니다. 지리적인 경제적 집중에 여러 개의 균형• 이 있다는 것은 좀 더 복잡하기는 하지만 그래프와 수식을 통해서 표현할 수 있다.

여러 개의 균형: 경제적 균형점이 여러 개 있을 경우에는 균형점이 1번 균형점에서 2번 균형점으로 이동할 수 있다. 이동이 잘 발생하지 않는 균형점을 안정적인 균형점이라 하고, 이동이 쉽게 일어나는 균형점을 불안정적인 균형점이라고 한다.

우선 전체 인구에서 공업인구가 차지하는 비중

|그림 1| **경제 활동의 지역적 집중 모형, PP곡선과 MM곡선**

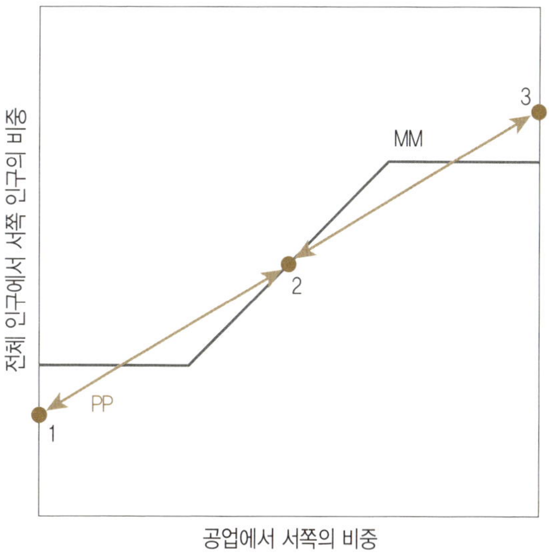

을 a라고 하자. 앞의 간단한 모형에서는 10명 중 4명이 공업인구였으므로, a는 0.4가 된다. 그런데 수식을 사용하는 모형에서는 이를 일반화•해서 a로 표현하는 것이다. b는 공업인구 중 서쪽 공업인구의 비중이다. 앞의 모형에서는 동쪽에만 공장이 건설될 경우 서쪽에는 공업 분야에 고용된 사람이 없으니 b는 0이 되고, 동쪽과 서쪽에 공장이 하나씩 건설될 경우에는 공업인구 4명 중 2명이 서쪽에서 공업 분야에 고용되고 있으니 b가 0.5가 되는 것이다.

일반화: 경제학에서는 수학적 상황에 대한 설명을 구체적인 수치로 할 수도 있고, 수학적 표현으로 나타낼 수도 있는데, 구체적 수치를 사용하지 않고 일반적인 경우에도 적용할 수 있는 수학적 표현을 사용하는 것을 일반화라고 한다.

그리고 서쪽에만 공장이 건설될 경우 서쪽에는 공업인구 4명이 있게 되고, 공업인구 4명 중 4명이 모두 서쪽에서 공업 분야에 고용되니 b는 4/4, 1의 값을 가지게 된다. 공업인구 중 서쪽 공업인구의 비중은 공업에서 서쪽이 차지하는 비중으로 해석하는 것이 가능하다. 따라서 b는 공업에서 서쪽이 차지하는 비중으로 표현해도 되고, 앞으로 이 책에서는 공업에서 서쪽이 차지하는 비중으로 서술한다.

그리고 마지막으로 c는 서쪽에 있는 인구가 전체 인구에서 차지하는 비중이다. 동쪽에 공장이 건설될 경우 서쪽에는 10명의 전체 인구 중에서 3명의 농업인구만 있게 되므로 c는 0.3이 되고, 동쪽과 서쪽에 공장이 하나씩 건설될 경우에는 서쪽에 5명의 인구가 있게 되니 c는 0.5가 된다. 서쪽에는 필수 농업인구인 3명이 최소한 있으니 c의 최솟값은 0.3이 된다.

서쪽에도 공장이 건설될 경우에는 서쪽의 인구가 증가하게 된다. 따라서 서쪽에 있는 인구가 전체 인구에서 차지하는 비중인 c는 서쪽에 공장이 건설되면 증가하게 된다. 따라서 c의 값은 동쪽에만 공장이 하나 있을 경우에 최솟값인 0.3에서 시작해서, 동쪽과 서쪽에 공장이 각각 하나씩 있을 때의 0.5를 지나, 서쪽에만 공장이 하나 있을 경우에 최댓값인 0.7까지 증가하게 된다.

이는 다시 말하면, 서쪽에 있는 인구가 전체 인구에서 차지하는 비중인 c는 공업에서 서쪽이 차지하는 비중이 증가하면 같이 증가하는 모양을 보이게 된다. 그림 1에서의 PP곡선•이 오른쪽으로 증가하는 것은 그 때문이다. 그림 1에서 x축은 공업에서 서쪽이 차지하는 비중 b이다. 공업에서 서쪽이 차지하는 비중은 최솟값인 0에서 최댓값인 1까지 증가한다.

그림 1에서 y축은 서쪽에 있는 인구가 전체 인

PP곡선: PP곡선에서 P는 인구를 뜻하는 population의 P이다.

구에서 차지하는 비중인 c이다. 서쪽에 있는 인구가 전체 인구에서 차지하는 비중은 최솟값인 0.3에서 최댓값인 0.7까지 증가한다. 따라서 x축 값인 공업에서 서쪽이 차지하는 비중 b가 0에서 1까지 증가하는 동안, 서쪽의 인구가 전체 인구에서 차지하는 비중인 c는 0.3에서 0.7까지 0.4 증가하게 된다. 따라서 x값의 증가량인 1이 y값의 증가량인 0.4보다 크기 때문에 PP곡선의 기울기는 1보다 작고, 45도 각도의 선보다 기울기가 평평하게 된다.

이를 수식으로 표현하면 $c=(1-a)/2+a\times b$로 표현할 수 있다.

MM곡선: MM곡선에서의 M은 공업을 뜻하는 manufacturing의 M이다.

다음으로 MM곡선•을 생각해 보자. MM곡선은 PP곡선에서 y축이었던 서쪽에 있는 인구가 전체 인구에서 차지하는 비중인 c를 x값으로 사용하고, PP곡선에서 x축이었던 공업에서 서쪽이 차지하는 비중인 b를 y값으로 사용한다. 따라서 그래프를 다르게 그려야 한다.

그리고 이렇게 그래프를 다르게 그리는 부분, 정확히는 그래프의 축을 회전시키고, 다시 일치시키는 부분이 경제 활동의 지리적 집중 모형을 이해하는 데 가장 까다로운 부분이라고 할 수 있다. 그

|그림 2| MM곡선, 전체 인구에서 서쪽 인구가 차지하는 비중과 공업에서 서쪽이 차지하는 비중의 관계

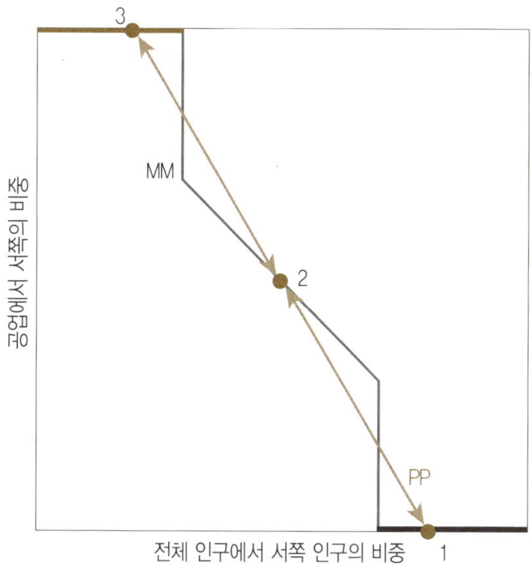

래프의 x축과 y축을 변경해서 그림 2를 그리고, 그려진 그림 2를 다시 회전시키고 그림 1의 x축과 y축에 일치시키면 그림 1이 완성된다. 그 과정을 좀 더 쉽게 풀어서 자세히 설명하면 다음과 같다.

서쪽의 인구가 전체 인구에서 차지하는 비중인 c값을 x축으로 변화시킨 상황을 생각해 보자. 그러한 상황에서 서쪽의 인구 비중이 0이라면, 다시 말해 서쪽에 인구가 없다면 서쪽에 공장을 건설해야 할 이유가 없게 된다. 따라서 공업에서 서쪽이 차지하는 비중인 b값은 0이 된다. 그리고 공업에서 서쪽이 차지하는 비중인 b값이 y축이 된다.

서쪽의 인구가 전체 인구에서 차지하는 비중이 증가하게 되면, 이제 고정비용과 운송비용의 상대적 크기가 중요해지게 된다. 고정비용이 운송비용보다 상대적으로 작으면, 앞에서 예를 들었던 것처럼 고정비용이 4이고 운송비용이 1개의 공산품을 옮기는 데 2가 발생하는 상황에서는 동쪽과 서쪽에 모두 공장을 건설하는 것이 경제적 균형이 된다.

또한 운송비용이 1개의 공산품을 옮기는 데 1이 발생하는 상황에서도 유사한 결과를 도출해 낼 수 있다. 표 1에서 인구가 동쪽과 서쪽으로 양분되어 있을 때는 동쪽과 서쪽에 모두 공장을 건설하는 것이, 동쪽이나 서쪽에만 공장을 건설하는 것보다 비용이 적게 드는 것을 관찰할 수 있다.

따라서 서쪽의 인구가 증가하면서, 서쪽의 인구가 전체 인구에서 차지하는 비중이 특정 수준을 넘어서면 서쪽에도 공장이 건설되기 시작한다. MM 곡선은 그러한 상황을 표현하고 있다. 서쪽의 인구가 전체 인구에서 차지하는 비중이 특정 수준을 넘어서지 못하는 상황에서는 서쪽에 공장이 건설되지 않게 되고, 서쪽에 공장이 없어 공업에서 서쪽이 차지하는 비중이 0이 된다. 공업에서 서쪽이 차지하는 비중이 0인 상황이 그림 2에서의 굵은 검정색 선에 해당하는 부분이다. 그림 2에서는 사각형의 오른쪽 아래의 꼭짓점이 0이고, 왼쪽 꼭짓점으로 가면 1로 증가하게 된다. 이는 축을 회전시켰기 때문에 나타나는 현상이다.

하지만 서쪽의 인구가 전체 인구에서 차지하는 비중이 첫 번째 특정 수준을 넘어서게 되면, 서쪽에 공장이 건설되고, 공업에서 서쪽이 차지하는 비중이 0에서 수직으로 상승하게 된다. 그림 2에서 굵은 검정색 선에 이어서 나타나는 수직선은 그러한 상황을 표현한다. 그리고 서쪽의 인구가 전체 인구에서 차지하는 비중이 높아질수록 공장은 서쪽에 더 많이 건설되고, 공업에서 서쪽이 차지하는 비중이 커지게 된다. 그림 2에서 45도로 상승하는 부분이 공장이 서쪽에 더 많이 건설될수록 그에 비례해서 공업에서 서쪽이 차지하는 비중이 증가하는 부분을 나타낸다.

서쪽의 인구가 매우 많아져 전체 인구에서 차지

하는 비중이 두 번째 특정 지점을 넘어서면, 이제는 서쪽에만 공장을 건설하고, 동쪽에 공장을 건설해야 할 이유가 없어지게 된다. 따라서 공업에서 서쪽이 차지하는 비중은 1이 된다. 그림 2에서 굵은 갈색으로 표시된 부분이 그러한 상황을 표현한다.

따라서 MM곡선은 전체적으로 보면 서쪽의 인구가 적을 때는 0의 값을 유지하다가 서쪽의 인구가 특정 수준을 넘어서면 특정 값으로 상승하게 된다. 0에서 특정 값으로 바로 증가하기 때문에 그래프에서는 수직선으로 표현된다. 그 이후에는 서쪽의 인구에 비례해서 증가하는 모습을 보인다. 예를 들어, 서쪽의 인구가 50%가 되면 0.5의 값을 지나게 된다. 그렇게 45도 선을 따라서 증가하다가 서쪽의 인구가 특정 수준을 넘어서면, 서쪽에만 공장이 지어지고 바로 1로 상승하게 된다. 바로 1로 상승하기 때문에 그래프에서는 수직선으로 표현되고, 그 이후에는 계속 1의 값을 유지하는 모습을 보이게 된다.

MM곡선에서 이해하기 어려운 부분은 그래프가 수직으로 상승하는 부분인데, 그래프의 수직 상승에는 두 가지 수치가 중요하다. 하나는 그래프가 수직으로 상승하는 특정 수준이 어떻게 정해지는가 하는 것이고, 다른 하나는 수직으로 상승한 후의 특정 값이 어떤 값이 되는가 하는 것이다.

PP곡선과 MM곡선 분석

MM곡선에서 그래프가 수직으로 상승하는 특정 수준은 앞에서 설명하였던 고정비용과 운송비용에 의해서 결정된다. x를 기업이 공장에서 생산된 공산품을 판매하는 판매량이라고 하자. 단순한 논의를 위해 생산량은 모두 판매된다고 가정하자. F를 공장 건설비를 포함한 고정비용이라고 하고, t를 공산품 1개를 동쪽에서 서쪽으로 옮기는 데 필요한 운송비용이라고 하자.

이 경우에는 표 1에서 동쪽 인구 집중, 동쪽 건설에서 보았던 것처럼, 동쪽에서 생산하고 서쪽으로 옮기는 운송비용 3이 서쪽에 공장을 건설하는 것을 포함한 고정비용 4보다 작으면, 동쪽에서 생산하고 서쪽으로 옮기는 것이 선호된다. 이를 수식으로 표현하면 $c \times x \times t < F$가 된다.

앞의 예시에서 사용한 수치로 다시 한 번 수식을

보면, c는 서쪽의 인구가 전체 인구에서 차지하는 비중인 0.3이다. 그리고 x는 기업의 생산량이자 판매량인 10이다. t는 공산품 1개를 옮기는 데 필요한 운송비용인 1이다. 그러면 $c \times x \times t$는 $0.3 \times 10 \times 1$이 되어 서쪽에서 발생하는 공산품 수요 3개를 옮기는 운송비용 3이 된다. 그리고 공장을 건설하는 데 필요한 고정비용 F는 4로 설정되었기에, 운송비용 3이 고정비용 4보다 작은 상황이 된다. 이 경우에 기업가는 공장을 동쪽에만 건설하고, 운송비용을 부담하는 것을 선택한다.

하지만 표 1에서 인구 동쪽과 서쪽 양분, 동쪽과 서쪽 건설에서 보여지는 것처럼 인구가 동쪽과 서쪽으로 양분되어 있는 상황에서는 운송비용이 고정비용보다 커지게 된다. 인구가 동쪽에 5명, 서쪽에 5명 있는 상황에서는 서쪽의 인구가 전체 인구에서 차지하는 비중인 c는 0.5가 된다. 그 경우 운송비용인 $c \times x \times t$는 $0.5 \times 10 \times 1$이 되어 동쪽 공장에서 생산하고, 서쪽에서 발생하는 공산품 수요 5개를 옮기는 운송비용이 5가 된다. 그리고 공장을 건설하는 데 필요한 고정비용 F는 4로 설정되었기에, 운송비용 5가 고정비용 4보다 커지는 상황이 된다. 따라서 이 경우에 기업가는 공장을 동쪽과 서쪽에 모두 건설하고, 운송비용을 부담하지 않는 것을 선택한다.

고정비용과 운송비용을 비교해서 결정을 내리는 상황에서는, 서쪽의 인구가 전체 인구에서 차지하는 비중인 c에 따라 공업에서 서쪽이 차지하는 비중인 b가 MM곡선을 따라서 결정되게 된다.

동쪽에 인구가 집중되어 있고, 동쪽에 공장을 건설하는 것은 운송비용이 고정비용보다 적기 때문이다. 이는 수식으로는 $c \times x \times t < F$로 표현된다. 이 경우에는 동쪽에만 공장이 건설되기 때문에 공업에서 서쪽이 차지하는 비중인 b는 0이 된다. 이를 수식으로 설명하면 $c \times x \times t < F$이면 $b=0$이 된다. 이 식의 양변을 $x \times t$로 나누어 주면, $c < F/(x \times t)$가 된다. 정리하면 $c < F/(x \times t)$이면 $b=0$이 된다. 여기서 $F/(x \times t)$는 고정비용과 운송비용과 관련된 파라미터인 1단위당 운송비용• 사이의 비율이다. 직관적인 수준에서는 고정비용과 운송비용의 비율이라고 해도 큰 문제는 없다.

1단위당 운송비용: 1단위당 운송비용에 운송량을 곱하면 운송비용이 된다. 이 책의 예시에서는 1단위당 운송비용은 1인데, 3개의 공산품을 서쪽으로 운송하면 운송비용은 3이 된다.

앞에서 MM곡선을 설명하며, 서쪽의 인구가 전체 인구에서 차지하는 비중 c가 특정 수준을 넘어서면, 공업에서 서쪽이 차지하는 비중 b가 수직으로 상승한다고 설명하였다. $c < F/(x \times t)$라는 수식은 b가 수직으로 상승하는 특정 수준이 $F/(x \times t)$임을 보여 준다. 다시 말해, 서쪽의 인구가 특정 수준인 $F/(x \times t)$보다 작은 상황에서는 서쪽에 공장이 건설되지 않는다. 그 경우 공업에서 서쪽이 차지하는 비중 b는 0이다. 그림 2에서 굵은 검정색 선에 해당되는 부분이다.

그런데 서쪽의 인구가 특정 수준인 $F/(x \times t)$를 넘어서는 상황이 되면, 서쪽에도 공장이 건설되고, 공업에서 서쪽이 차지하는 비중 b는 0이 아닌 특정 값이 된다. 이 특정 값의 변화가 지리적 집중이 발생하는지, 하지 않는지를 결정하는 핵심이므로 이 부분은 나중에 좀 더 자세하게 설명할 것이다.

다음으로 이해해야 할 것은 서쪽의 인구가 전체 인구에서 차지하는 비중 c는 비중이기 때문에 항상 0에서 1 사이의 값만을 가진다는 것이다. 그리고 표 1에서 보이는 것처럼 이 모형에서는 동쪽과 서쪽이 대칭을 이루고 있다. 이러한 대칭성을 사용하면 모형과 수식을 좀 더 단순하게 만들 수 있다. 동쪽과 서쪽이 대칭적인 상황에서는 서쪽의 인구가 전체 인구에서 차지하는 비중 c를 사용하여 동쪽의 인구가 전체 인구에서 차지하는 비중을 $1-c$로 표현할 수 있다. 예를 들어 설명하면, 서쪽의 인구가 전체 인구에서 차지하는 비중이 0.3이라면, 동쪽의 인구가 전체 인구에서 차지하는 비중은 $1-0.3=0.7$이 되는 것이다.

따라서 이러한 대칭성을 활용하면, 그림 2에서 MM곡선의 굵은 갈색 부분을 단순하게 모형화할 수 있게 된다. 그림 2에서의 MM곡선의 굵은 갈색 부분은 서쪽에 인구가 특정 수준 이상으로 집중되면, 서쪽에만 공장을 건설하고, 동쪽에는 공장을 건설하지 않는다는 것이다. 동쪽에 공장이 없고 서쪽에만 공장이 있으면, 공업에서 서쪽이 차지하는 비중 b는 1이 된다. 따라서 서쪽의 인구가 전체 인구에서 차지하는 비중이 특정 수준을 넘어서면, $b=1$이 되는 것이다.

그런데 모형에서 동쪽과 서쪽이 대칭적인 구조이기 때문에, 공장이 서쪽에만 있는 상황, 다시 말해 $b=1$이 되는 상황은 대칭성을 활용하여 표현할 수 있다. 이를 수식으로 표현하면 $c>1-F/(x\times t)$이면 $b=1$이 된다. 이는 서쪽의 인구가 전체 인구에서 차지하는 비중 c가 특정 수준을 넘어서면, 서쪽에만 공장을 건설한다는 것이다. 그런데 대칭성이 있기 때문에 특정 수준이 $1-F/(x\times t)$에서 결정된다.

앞의 논의에서 동쪽에만 공장이 건설되는 상황이 서쪽의 인구가 전체 인구에서 차지하는 비중 c가 특정 수준 아래일 경우, 다시 말해 $c<F/(x\times t)$일 경우에는 공업에서 서쪽이 차지하는 비중이 0이 된다고 하였는데, 대칭성을 활용하면, $c>1-F/(x\times t)$일 경우에는 공업에서 서쪽이 차지하는 비중이 1이 되는 것이다.

마지막으로 서쪽의 인구가 전체 인구에서 차지하는 비중 c는 비중이기 때문에 항상 0에서 1 사이의 값만을 가지게 된다. 따라서 $F/(x\times t)<c<1-F/(x\times t)$인 상황을 생각해 볼 수 있다. 이는 동쪽과 서쪽에 인구가 비교적 균일하게 분포되어 동쪽에도 공장을 건설하고, 서쪽에도 공장을 건설하는 것이 경제적 균형인 경우이다. 그리고 서쪽의 인구가 전체 인구에서 차지하는 비중이 2개의 특정 수준 사이에 위치한 경우이다. 그림 2에서 MM곡선이 45도를 따라서 상승하는 부분이다.

이 경우에는 전체 인구에서 서쪽이 차지하는 비

중에 따라 서쪽에 공장이 그 비중만큼 건설되고, 따라서 전체 인구에서 서쪽이 차지하는 비중 c가, 곧 공업에서 서쪽이 차지하는 비중인 b가 되는 것이다. 이를 수식으로 정리하면, $F/(x \times t) < c < 1 - F/(x \times t)$일 경우에는 $b = c$가 된다. 이를 수식으로 모두 정리하면 다음과 같다.

$$b = 0, \text{ if } c < F/(x \times t)$$

$$b = c, \text{ if } F/(x \times t) < c < 1 - F/(x \times t)$$

$$b = 1, \text{ if } c > 1 - F/(x \times t)$$

그림 2의 MM곡선은 c가 0에서 1의 값을 가지고, 대칭적인 구조를 이루고 있는 상황에서 위의 수식들을 그래프로 표현한 것이다.

공산품의 생산량이 점진적으로 조정●된다고 가정하면, 그림 2에서 볼 수 있는 것처럼 3개의 경제적 균형점들이 있다. 공업벨트는 1번 균형점에서 볼 수 있는 것처럼 동쪽에 조성되거나, 3번 균형점에서 볼 수 있는 것처럼 서쪽에 조성될 수도 있다. 아니면 2번 균형점처럼 공업벨트가 조성되지 않고, 공장들이 동쪽과 서쪽에 균일하게 건설될 수도 있다.

조정: 균형점이 여러 개인 경우 균형 사이에서 이동이 발생할 수 있는데, 점진적인 조정은 균형점 사이의 이동이 천천히 일어나는 것을 의미한다. 급진적인 조정에서는 균형점 사이의 이동이 바로 일어나게 된다.

이러한 상황에서는 공장이 건설되기 시작한 초기의 상황이 어느 위치에서 시작되었는지에 따라 균형이 결정된다. 2번과 가까운 위치에서 초기의 공업화가 시작되었다면 동쪽과 서쪽에 공장이 균일하게 건설되는 2번 균형점으로 이동하고, 1번이나 3번에 보다 가까운 지점에서 공업화가 시작되었다면, 1번이나 3번 균형으로 이동하게 되는 것이다. 그림 2에 있는 화살표는 초기의 위치가 어떻게 결정되는지에 따라서 균형이 어떻게 이동하는지를 보여준다. 1번이나 3번으로 균형점이 이동한다면 경제 활동의 지리적 집중이 발생하게 되는 것이고, 2번으로 균형점이 이동한다면 경제 활동의 지리적 집중이 발생하지 않는 것이다.

그림 3은 균형 발전을 중시하는 시각에서 가장 이상적인 상황을 나타낸다. 이 경우에는 균형점의 이동이 가운데로만 이루어지며, 동쪽과 서쪽에 균일하게 공장을 건설하는 것이 유일한 균형점이 된다. 이러한 상황이 발생하기 위해서는 PP곡선의 기울기가 매우 평평한 상황이어야 한다는 조건이 필요하다. 이는 초기의 인구가 매우 균일하게 분포되어 있고, 공업에서 서쪽이 차지하는 비중이 증가하

|그림 3| 공장의 동쪽-서쪽 동시 건설이 유일한 균형점인 상황

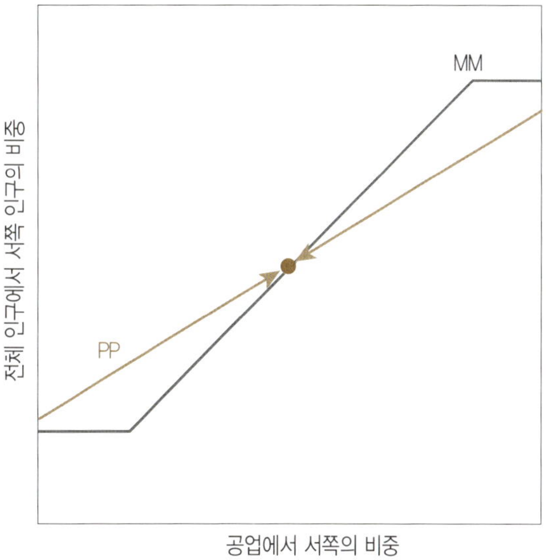

더라도 인구 집중이 매우 낮은 속도로 이루어지는 상황에서 발생하게 된다.

따라서 이러한 상황에서 경제 활동의 지리적 집중이 이루어지는 조건은 다음과 같이 도출된다.

$$F > (1-a)/2 \times x \times t$$

동쪽에 공장이 집중되어 있는 상황에서, $F >$ (1−

$a)/2 \times x \times t$ 조건이 만족되면 동쪽에 공장이 집중되어 있는 상황이 계속 유지된다. 동쪽에 공장이 집중되어 있는 상황에서 서쪽의 인구 비중은 $(1-a)/2$가 된다. 이 책에서 예시로 든 모형에서 전체 인구에서 공업인구가 차지하는 비중 $a=0.4$로 설정하였기 때문에 $(1-a)/2$의 값은 0.3이 된다. 그리고 $(1-a)/2$값은 전체 인구에서 공업인구가 차지하는 비중 a값이 커질수록 작아지게 된다. $(1-a)$값은 농업인구, 다시 말해 필수농업인구라고 할 수 있는 값이다.

이 책의 모형에서 필수농업인구는 10명 중 6명이었다. 그런데 동쪽과 서쪽에 균일하게 농업인구가 나누어져 있으니, 2로 나누어 주는 것이다. 따라서 필수농업인구가 아니라 공업인구로 전환될 수 있는 인구가 많을수록, 동쪽에 공장이 집중되는 상황이 보다 잘 유지되는 것이다. a값이 커지면 $F > (1-a)/2 \times x \times t$ 조건에서 $(1-a)/2 \times x \times t$ 부분이 더 작아지고, $F > (1-a)/2 \times x \times t$ 식 전체가 더 잘 만족되기 때문이다.

이 조건은 농업인구의 비중이 적은 한국에서 왜 경제 활동의 지리적 집중을 해결하는 것이 어려운지를 설명한다. 한국의 필수농업인구는 매우 적기 때문에 공업인구로 전환될 수 있는 인구가 많다. 따라서 경제적 집중이 유지되는 조건이 보다 쉽게 만족되게 된다.

다른 조건은 고정비용인 *F*와 관련된 것이다. 규모의 경제가 강력하게 존재하는 상황에서는 *F*값이 상대적으로 크게 된다. 이는 다시 말해, 생산량이 증가할수록 평균생산비용이 감소하는 규모의 경제가 강력하게 존재하면, 생산량이 작은 공장을 설립할 때 고정비용인 *F*가 매우 큰 상황이 된다.

규모의 경제란 생산량이 2배가 될 때, 비용이 2배보다 적게 증가하는 상황을 의미한다. 생산량이 2배가 되었는데 비용이 2배보다 적게 증가하는 경우에는, 생산량이 증가할수록 평균생산비용이 낮아지게 된다. 이러한 상황은 공장 건설비와 같은 고정비용이 매우 크고, 생산량에 따라 발생하는 가변비용•은 적은 상황에서 발생하게 된다.

가변비용: 생산량에 따라 변화하는 비용을 말한다. 많이 생산하면 가변비용은 높아지고, 적게 생산하면 가변비용은 낮아진다.

예를 들어, 컴퓨터 소프트웨어와 같이 초기에 개발하는 고정비용은 매우 높지만, 소프트웨어를 여러 개 복사하는 가변비용은 매우 낮은 경우에는 규모의 경제가 강력한 상황이 된다. 컴퓨터 소프트웨어를 복사하는 데 매우 낮은 비용이 들기 때문에,

보다 많은 컴퓨터 소프트웨어를 복사해서 판매하면, 고정비용이 대부분인 총비용은 크게 변하지 않지만, 많은 컴퓨터 소프트웨어를 판매하였기 때문에, 평균생산비용•이 계속 낮아지는 효과가 나타나는 것이다. 이 책에서는 보다 쉬운 이해를 위해 컴퓨터 소프트웨어의 예를 들고 있지만, 규모의 경제는 대량생산이 가능한 철강과 석유와 같은 공업품 생산에서 매우 잘 관찰되는 현상이다.

평균생산비용: 고정비용과 가변비용을 더하고, 이를 총생산량으로 나누면 평균생산비용이 된다.

다시 경제 활동의 지리적 집중으로 돌아와, 동쪽에 있는 공장이 매우 강력한 규모의 경제를 누리는 상황이라면, 동쪽 공장의 평균생산비용은 매우 낮아진다. 이는 평균고정비용•이 매우 낮아진다는 의미와 유사하다. 이러한 상황에서 서쪽에 소규모의 공장을 건설하면 규모의 경제를 누리지 못하기 때문에 평균생산비용이 매우 높아지고, 평균고정비용 역시 매우 높아진다. 결국 규모의 경제 효과가 강력할 경우에는 고정비용이 높아진다. 따라서 규모의 경제 효과가 강력한 경우에 F의 값은 상대적으로 커지게 된다. 그 경우에는 $F > (1-a)/2 \times x \times t$ 조건이 보다 쉽게 만족되어, 경제 활동의 지리적 집중이 계속 유지된다.

평균고정비용: 고정비용을 총생산량으로 나누면 평균고정비용이 된다.

마지막으로 운송비용인 t가 낮아질수록 $F > (1-a)/2 \times x \times t$ 조건이 보다 쉽게 만족된다. 이는 앞에서 설명한 고정비용과 운송비용 사이의 관계가 중요한 것과 연관된다. 운송비용이 낮아질수록 동쪽 지역에서 생산하고, 공산품을 서쪽으로 옮기는 운송비용을 부담하는 것이 더 합리적인 선택이 되기 때문이다.

미국 경제의 공업화 경로를 보면, 규모의 경제는 점점 더 강력해졌고, 운송비용은 점점 하락하였다. 그리고 농업에 묶여있지 않아도 되는 인구의 비중은 점점 더 높아졌다. 다시 말해 $F > (1-a)/2 \times x \times t$에서 고정비용인 F는 상대적으로 계속 커졌고, t는 계속 하락하였으며, a도 계속 하락하였다. 모든 변수들이 경제 활동의 지리적 집중을 유지하는 방향으로 이루어진 것이다.

Chandler(1990)에 따르면, 미국의 경우 1860년대에서 1920년대의 기간 동안 공업의 발전과 공업벨트의 형성이 이루어졌다. 새로운 기술을 도입한 기업은 규모의 경제를 크게 누리는 매우 큰 규모의 공장을 설립하였고, 낮은 운송비용에 도움을 받아 생산된 제품을 하나의 공장에서 전국에 공급하였다.

물론 이러한 설명은 미국 공업화의 모든 경우를 설명하는 것은 아니지만, 많은 경우에, 예를 들어 자동차는 디트로이트에, 섬유는 뉴욕에 공업벨트가 조성된 이유를 잘 설명하고 있다. 이러한 상황에서 미국 경제가 점점 더 서부•로 팽창하고, 새로운 자원과 공장을 지을 수 있는 저렴한 토지가 확보되어도 미국의 공업벨트는 동부에 계속 집중되었던 것이다.

서부: 미국의 서부는 동부 지역보다 늦게 개척되었다. 서부에서 가장 유명한 주는 캘리포니아 주라고 할 수 있고, 미국의 서부는 한국과 더 가까운 곳에 위치하고 있다.

한국의 경우에도 남동임해공업지역에 커다란 규모의 공장이 건설되었다. 최초로 대규모 정유시설을 구축하였던 대한석유공사는 울산에 국영으로 설립되었고, 철강을 과거와는 다르게 대규모로 생산하는 포항제철도 국영으로 포항에 건설되었다. 그리고 자동차를 대량으로 생산하였던 현대자동차 공장과 거대한 선박을 건조할 수 있는 대규모 조선소를 설립한 현대중공업은 울산에 위치하였다. 이러한 기업들은 한국 공업화의 역사에서 최초로 규모의 경제를 강력하게 누릴 수 있는 규모로 건설되었다.

공업벨트가 조성되자 노동자들은 모여들었고, 관련 제품을 공급하는 중소기업들도 남동임해공업

지역으로 모여들었다. 한국 최초의 공업벨트가 울산 지역에 건설된 이유는 제5장 산업이 위치를 결정하는 로컬라이제이션(localization)* 이론을 설명할 때 보다 자세히 설명할 예정이다.

로컬라이제이션: 산업의 지역적 특화라고 설명할 수 있다. 공업의 경우 특정 산업이 특정 지역에 집중되는 경우가 관찰되는데, 이를 로컬라이제이션이라고 한다.

3

경제 활동의 지리적 중심의 이동 이론

지역 격차와 운송비용

서비스 산업과 더 큰 노동시장으로의 접근

다음으로 논의할 수 있는 것은 운송비용이 하락하여 시장통합•이 좀 더 잘 이루어지고, 공업벨트가 위치한 동쪽 지역의 생산비가 높아지는 반면, 경제 활동의 지리적 집중이 이루어지지 않은 서쪽 지역의 생산비가 더 낮아지는 상황에서 공장이 동쪽 지역의 공업벨트를 벗어나 서쪽 지역으로 이동할 수 있는가 하는 것이다.

시장통합: 여러 가지 방식으로 정의될 수 있지만, 이 책에서는 두 지역 사이의 운송비가 매우 낮아 운송비가 기업의 선택에 크게 영향을 미치지 않는 상황을 시장통합이라고 정의한다.

경제 활동의 집중이 이루어지는 공업벨트가 위치한 동쪽 지역은 인구밀집으로 인해 인건비와 토지비용과 같은 공장의 건설과 운영을 위한 고정비용과 생산비가 상승하고, 서쪽 지역은 낮은 인건비와 토지비용과 같은 고정비용이 하락하여 고정비용과 생산비가 하락하는 상황을 생각해 볼 수 있다. 또한 운송비용이 하락하여 운송비용의 부담이 감소하는 경우를 생각해 볼 수 있다.

이러한 상황에서는 생산비가 높은 동쪽에 위치한 공장을 생산비가 낮은 서쪽으로 이동하여 고정비용을 줄이고, 낮아진 운송비용을 활용하여, 서쪽에서 생산하고 동쪽으로 운송하는 것이 더 합리적일 수 있는 것이다. 지역 균형 개발을 선호하는 입장에서는 이러한 상황은 지역 격차를 해소하고 지역 균형 개발을 가져올 수 있는 방안이 될 수 있다.

지역 격차와 운송비용

지역 격차와 운송비용 사이의 관계를 연구한 Krugman and Venables(1990)에 따르면, 운송비용의 하락으로 시장이 더 잘 통합되고, 동쪽의 생산비용이 상승한 상황에서도 공장이 꼭 공장이 많은 동쪽에서 공장이 적은 서쪽으로 이동하는 것이 아니라, 반대로 서쪽의 공장이 동쪽으로 이동할 수도 있음을 보여 준다. 이를 간단한 예시로 표현하면 표 2와 같다.

표 2를 보면 생산비용의 경우 동쪽에서 생산하는 경우의 생산비용이 10이고, 서쪽에서 생산하는 경우의 생산비용이 8로, 서쪽의 생산비용이 더 낮

|표 2| 동쪽의 생산비용이 높아지고, 운송비용이 낮아지는 경우의 총생산비용

	생산비용	운송비용		
		높음	중간	낮음
동쪽 생산	10	3	1.5	0
서쪽 생산	8	8	4	0
동쪽 서쪽 생산	12	0	0	0

은 것을 볼 수 있다. 이는 동쪽에 경제 활동이 집중됨에 따라 생산비용이 상승하기 때문이라고 할 수 있다. 하지만 운송비용이 높은 초기 상태의 총비용을 살펴보면 운송비의 부담이 높기 때문에 동쪽에서 생산할 경우의 총비용은 생산비용 10과 운송비용 3을 더한 13이 된다. 그리고 서쪽에서 생산할 경우의 총비용은 생산비용 8과 운송비용 8을 더한 16이 된다.

서쪽에서 생산하는 경우의 운송비용이 더 높은 이유는 동쪽에 인구가 더 많기 때문에 더 많은 생산량을 서쪽에서 동쪽으로 옮겨야 하기 때문이다. 하지만 이 경우에는 동쪽과 서쪽에서 모두 생산하는 것이 가장 낮은 총비용을 가지고 있음을 알 수 있다. 동쪽과 서쪽에서 모두 생산하는 경우에는 생산비용은 12가 발생하지만 운송비용을 부담하지 않아도 되어서 총비용이 12로 가장 낮다. 따라서 기업은 동쪽과 서쪽 모두에 공장을 건설하고 운송비를 적게 부담하는 것이 경제적 균형이 된다.

하지만 운송비가 높은 수준에서 중간 수준으로 하락하는 경우에는 상황이 달라진다. 운송비가 50% 감소하는 상황이 발생하면, 동쪽에서 생산하는 총비용은 생산비용 10과 운송비용 1.5를 더한 11.5가 된다. 그리고 서쪽에서 생산하는 총비용은 생산비용 8과 운송비용 4를 더한 12가 된다. 마지막으로 동쪽과 서쪽에서 생산하는 총비용은 생산비용 12와 운송비용 0을 더한 12가 된다. 이 경우에는 동쪽에서 생산하는 것이 더 합리적인 선택이 된다.

이러한 상황에서는 오히려 서쪽에 있었던 공장이 동쪽으로 이동해버리는 상황이 발생하게 된다. 표 2가 나타내고자 하는 것은 운송비용의 하락이 꼭 공장을 생산비가 높은 동쪽에서 생산비가 낮은 서쪽으로 이동시키는 것이 아닐 수 있다는 것이다. 오히려 예상과는 반대로 동쪽과 서쪽에 모두 공장을 건설하는 것이 합리적이었던 상황에서, 운송비의 하락으로 인해 오히려 서쪽에 있던 공장이 동쪽으로 이동하는 상황이 발생할 수도 있다는 것을 보여 준다.

마지막으로 운송비가 낮은 상황이 되면, 동쪽의 총생산비용은 고정비용 10과 운송비용 0을 더한 10이 되고, 서쪽의 총생산비용은 고정비용 8과 운송비용 0을 더한 8이 된다. 그리고 동쪽과 서쪽에서 모두 생산하는 생산비용은 고정비용 12와 운송비용 0을 더한 12가 된다. 이러한 상황에서는 동쪽에 위치한 공장을 서쪽으로 이동시키는 것이 합리적인 선택이 된다.

따라서 표 2가 시사하는 바는 운송비의 하락이 꼭 공장이 동쪽에서 서쪽으로 이동함을 일방적으로 의미하는 것은 아니라는 것이다. 운송비가 50% 하락하는 상황에서는 오히려 서쪽의 공장이 동쪽으로 이동할 수 있다는 것이다. 그러므로 운송비의 하락이 단계적으로 이루어지는 상황에서는 낮은 수준의 운송비에서 기대하는 효과가 발생하지 않을 수 있는 것이다.

표 2의 수치들은 간단한 예시를 위한 것이지만, 그 결론은 좀 더 엄밀한 수학적 모형에서도 비슷하게 확인된다. 좀 더 엄밀한 수학적 모형의 결론은 효과가 직선적으로 나타나는 것이 아니라 곡선적으로 나타날 수 있다는 것이다. 효과가 U자 모형이나 뒤집힌 형태의 U자 모형•으로 나타나게 되면 표 2의 수치들이 예측하는 것과 동일한 결론을 얻게 된다.

U자 모형: 영어로 humped U-shaped라고 표현되는데, 산과 같이 올라갔다가 내려오는 형태의 모양을 뜻한다.

또한 운송비용이 낮거나 0이 되는 상황은 두 지역 간의 운송비용이 다른 지역과의 조합에 비해 매우 낮은 경우로 이해할 수 있다. 0이라는 수치는 두 지역이 사실상 경제적으로 하나의 시장으로 통합된 상태를 의미한다.

예를 들어, 미국의 동부• 지역과 중서부• 공업 지역은 고속도로와 철도 운하를 포함한 다양한 교통수단을 통해 운송비용이 매우 낮게 유지되었다. 농산물의 수송을 위해 미국의 동부와 시카고를 포함한 중서부 지역의 교통수단이 지속적으로 개발되었기 때문이다. 미국 중서부 지역에서 생산된 밀은 시카고로 모였고, 오대호•를 따라 운송비가 저렴한 수상 교통수단을 통해 운송되었다. 그리고 수상 교통이 자연적으로 이루어질 수 없는 지역에는 이리 운하를 건설하여, 시카고에서 동부까지 수상 교통수단으로 운송될 수 있도록 인프라를 구축하였다.

교통수단의 발달은 시장을 통합시켰고, 중서부 디트로이트의 자동차 산업이나 피츠버그의 철강 산업은 동부와 긴밀하게 시장적으로 통합되어 있었다고 판단되는 것이다.

Krugman(1990)은 미국의 동부와 중서부의 공업 지역은 하나의 경제적으로 통합된 지역으로 판단할 수 있다고 서술한다. 이러한 운송비용을 통한 경제

동부: 미국은 동쪽에 있는 보스턴 지역부터 정착이 시작되었다. 그리고 영국에서 독립할 당시의 13개 주는 모두 미국의 동쪽에 있었는데, 이 지역을 주로 미국의 동부라고 말한다. New England 지방이라는 용어를 사용하기도 한다.

중서부: 미국의 중서부 지역은 영어로는 Midwest라고 표현되는데, 미국 지도에서 보면 서쪽보다는 동쪽에 좀 더 가깝게 위치한다. Midwest는 처음 정착된 미국의 동부보다 상대적으로 좀 더 서쪽에 있었기 때문에 붙여진 이름이고, 이후 미국 대륙 전체가 개척되면서, 실제 대륙 전체에서 서쪽에 있는 지역은 West(서부)로 구분하여 부르게 된다.

오대호: 미국 중서부 내륙지역에 있는 5개의 커다란 호수를 오대호라고 한다. 이 호수들은 수상교통에 활용되었다.

적 통합이 나타나는 이유는 교통수단을 건설하는 것에도 규모의 경제가 강력하게 작용하기 때문이라고 설명한다. 철도나 고속도로와 같은 교통수단 건설은 규모에 따라 분할할 수 없는 고정투자를 필요로 한다. 이럴 경우에는 철도와 고속도로를 대규모로 건설할수록 평균 고정투자 비용이 낮아지게 된다. 따라서 교통수단의 건설에도 규모의 경제가 나타난다.

이는 항공 교통에서도 유사하게 나타난다. 공항간 비행기 운항횟수를 결정하는 것은 두 지역 사이에 존재하는 커다란 수요와 보다 많은 사람이 탑승할 수 있는 비행기를 사용할 수 있는지에 의해서 결정된다. 다시 말해, 항공 교통수단의 경우에도 대규모의 공항 건설과 같은 커다란 고정비용이 발생하고, 규모의 경제의 영향을 받게 되는 것이다. 따라서 교통과 관련된 수요가 미국의 동부 지역과 중서부 공업지역에서 높게 존재하면, 광범위한 교통수단에 대한 투자가 더 많이 이루어지고 이는 규모의 경제를 통해 다른 지역에 비해 매우 낮은 운송비용을 구현하게 되는 것이다. 그리고 운송비용이 낮아지면, 두 지역이 경제적으로 통합되는 결과가 나타난다.

그리고 수상교통의 경우에는 매우 낮은 수준의 운송비용 때문에 두 지역 간의 거리에 관계없이 시장이 잘 통합된 것으로 판단되기도 한다. 실제로 자동차 산업의 경우, 울산에서 로스엔젤레스까지 배로 운송하는 것이 디트로이트에서 로스엔젤레스까지 육상교통으로 운송하는 것보다 더 저렴하기 때문에 울산과 로스엔젤레스는 디트로이트와 로스엔젤레스보다 자동차 산업 분야에서는 거리는 더 멀고, 국가도 다르지만 경제적으로 더 잘 통합되어 있다고도 할 수 있다.

한국의 경우에도 유사한 분석을 적용할 수 있다. 박정희 정부의 경제개발계획에는 서울과 부산을 연결하는 경부고속도로도 포함되어 있었다. 이 책의 모형에서 강조하였던 것처럼 운송비용은 경제활동의 지리적 집중이 이루어지는 주요 요인이고, 경부고속도로의 건설은 서울과 부산 사이의 운송비용을 상대적으로 크게 감소시켰다. 따라서 경부고속도로 축에 위치한 서울과 부산 사이의 운송비용은 상대적으로 크게 낮았으며, 이는 두 지역이 다른 지역에 비해 경제적으로 더 잘 통합될 수 있는 조건을 제시해 주었던 것이다.

운송비용과 고정비용의 변화가 아니라고 하더라도, 경제 활동과 관련된 변수들은 계속 변화한다. 때로는 새로운 경제 변수가 발생하기도 한다. 또한 초기 조건과 역사적인 경로•에 따라 공장의 설립장소가 결정되고 공업벨트의 형성이 좌우되기도 한다.

역사적인 경로: 과거의 선택에 현재의 선택이 묶여있는 상황을 경제학적으로 지칭하는 말이다. 영어로는 path dependence라고 하며, 경로 존속이라고 번역되는 용어가 사용되기도 한다.

Myers(1983)에 따르면, 미국의 기업들은 커다란 규모의 공장을 동부의 공업벨트에 건설할 수밖에 없는 초기 조건에 직면하기도 하였다. 예를 들어, 전기를 많이 필요로 하는 알루미늄을 제련하는 기업은 수력으로 생산되는 전력이 풍부한 나이아가라 폭포 근처에 공장을 설립해야만 하였다. 그런데 동시에 이 지역은 다른 생산자들이 모여있는 공업벨트 지역이었고, 또한 미국에서 인구가 밀집되어 있는 미국 동부 지역과 가깝게 위치한 지역이었다.

미국의 경우를 보면 공업화는 우선 동쪽에서 이루어졌고, 표 2에 나타난 것처럼 동쪽 지역의 생산비가 계속 높아지고 운송비가 하락하는 상황에서도 서부에서의 공업벨트는 잘 발생하지 않았다. Rhode(1988)에 따르면, 19세기 후반 캘리포니아에서의 공업화는 제한된 상황이었다. 그런데 캘리포니아 지역에서 예상치 못하게 석유가 발견되고 석유 관련사업이 성장하면서 로스앤젤레스는 빠르게 공업중심지로 성장하였다. 로스엔젤레스에 공업벨트가 형성되자 사람들이 모여들었고, 캘리포니아 지역의 빠른 경제성장이 시작되었다. 그림 4는 캘리포니아 지역에 새로운 공업벨트가 형성되는 상황을 경제 활동의 지리적 집중 모형과 그림 1을 활용하여 설명한다.

그림 4를 보면 원래의 PP곡선이 그림 1보다 더 낮게 그려져 있다. 이는 미국은 역사적으로 동부부터 정착하기 시작하였고, 동쪽의 인구 비중이 서쪽보다 높았기 때문이다. 그러한 역사적으로 결정된 초기 조건을 반영하면 PP곡선이 그림 1보다 낮게 그려진다. PP곡선의 시작점이 낮다는 것은 전체 농업인구에서 서쪽의 인구가 차지하는 비중이 원래의 모형이 가정하였던 0.5보다 낮다는 것을 의미한다.

원래의 모형에서는 동쪽에 3명, 서쪽에 3명의 농업인구가 있고, 4명의 공업인구가 있다고 가정하였지만, 실제 미국의 인구는 동쪽에 5명, 서쪽에 1명과 같은 비율로 있었던 것이다. 따라서 원래의 모

|그림 4| 동쪽의 공업벨트에서 동쪽-서쪽 동시 건설로의 변화

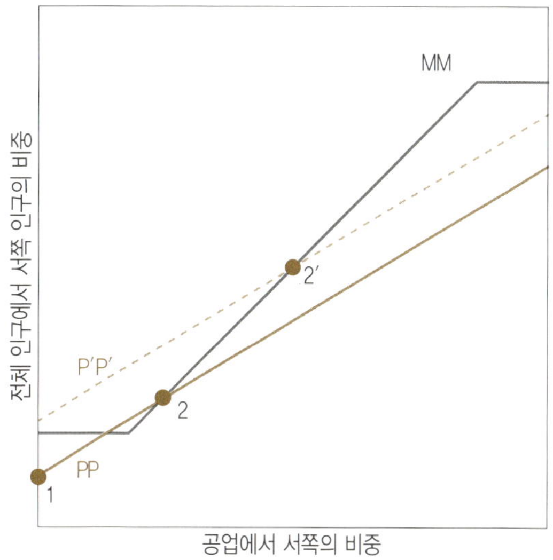

형에서 PP곡선이 0.3에서 시작하였다면, 미국의 역사적 인구비율을 반영한 모형에서는 서부의 실제 인구비율을 반영하면 PP곡선이 0.3이 아니라 0.1에서 시작하게 되는 것이다. 따라서 그림 4에서는 PP곡선의 시작점이 더 낮은 지점에서 시작하게 되는 것이다.

그리고 동쪽과 서쪽 모두에 공장을 건설하는 균형점이 2지점에 존재할 수도 있는 상황에서 동쪽부터 정착을 시작한 역사적 경로에 의해 공업벨트는 동쪽에만 형성되고, 공업에서 서쪽이 차지하는 비중은 매우 낮아 0에 가까워서, 경제적 균형점이 그림 4의 1지점으로 이동하여 존재하는 상황이었다.

그런데 캘리포니아에서 석유가 발견되고 인구의 이동이 이루어지면서, 서쪽의 인구비중이 초기보다 더 높아지게 되면 PP곡선은 P′P′곡선으로 상승하게 된다. 전체 인구에서 서쪽의 인구가 차지하는 비중이 더 높아지기 때문에 더 높은 지점에서 P′P′ 곡선이 시작하는 것이다. 이 경우에는 동쪽과 서쪽 모두에 공장을 건설하는 그림 4의 2′지점이 새로운 경제적 균형점이 되는 것이다. Krugman(1991)은 이러한 변화가 예상하지 못하였던 상황에서, 갑자기 매우 빠르게 진행되었다고 서술한다.

현재 한국의 국토 균형 개발 정책에서 추진하고자 하는 방향도 이와 비슷한 측면이 있다. 미국의 서부가 개발되고, 동쪽에 집중되어 있던 공업화가 동쪽과 서쪽으로 비교적 균일하게 진행된 것처럼 정부는 정책을 통해 국토 균형 개발을 추진하고자 한다. 과거 박정희 정부의 경제개발계획에서처럼 특정 산업을 특정 지역에서 육성함으로써 인구유입을 유도하고, 이를 기반으로 균형 개발을 추진하고자 하는 것이다. 하지만 Krugman(1991)이 서술하는 것과 같은 예상하지 못한 변화에 의한 경제적 균형점의 등장이라기 보다는, 정부가 정책적으로 추진하고, 정부가 만들고자 하는 변화에 의한 경제적 균형점의 이동을 계획하고 있다는 점에서는 다른 측면이 있다.

이러한 정부의 정책이 효과적이지 못할 수 있는 이유는 표 1의 인구 동쪽 집중, 서쪽 건설 상황에서 설명이 되는 측면이 있다. 석유의 발견과 같은 결정적인 변화가 없는 상황에서 정부의 정책만으로는 변화를 가져오지 못할 수 있는 것이다. 박정희 정부의 경제개발계획은 인구가 비교적 균일하게 분포하고 공업벨트가 존재하지 않는 상황에서 공업벨트를 조성한 것이기에 효과가 발생하였지만, 공업벨트가 이미 존재하고 인구의 집중이 이루어져 있는 상황에서는 박정희 정부의 경제개발계획에서 발생하였던 경제 활동의 지리적 이동이 발생하기보다는, 표 1의 인구 동쪽 집중, 서쪽 건설 상황이 발행하여, 정책적 효과가 미미할 수 있는 것이다.

서비스 산업과 더 큰 노동시장으로의 접근

나아가 생각해 보아야 하는 것은 현대 경제는 공업이 아닌 서비스 산업 중심의 경제구조를 가지고 있다는 것이다. 서비스 산업 중심의 경제구조는 인구가 낮은 지역에 특정 산업을 유치해서 경제 활동의 지리적 중심지에 변화를 가져오는 것이 더 어렵다고 판단된다(Krugman 1991).

현대의 대도시는 과거에는 공업생산의 중심지였다고 하더라도 현재에는 서비스 산업의 중심지로 변화하였다. 뉴욕시는 과거 미국에서 섬유공업의 중심지였지만, 현재의 핵심 산업은 금융과 같은 서비스 산업으로 변모하였다. 문제는 서비스의 경우 공산품과 같은 방식으로 판매하고 운송하는 것이 불가능하다는 것이다. 예를 들어 아이를 돌보는 보육 서비스의 경우, 공산품과 같이 생산해서 다른 지역으로 운송하는 것이 불가능하다. 따라서 서비스 산업은 인구가 밀집된 지역에서 보다 발달하게 된다.

또한 경제 활동의 지역적 집중은 노동자의 노동 공급 측면에서도 생각해 볼 수 있다. 우선 노동자의 입장에서, 경제 활동의 지역적 집중이 이루어지는 경우에는 좀 더 거대한 노동시장•에 참여하는 것이 유리하다는 장점이 있다. 예를 들어, 평소에 100명을 고용하는 기업이 2개 있다고 하자. 그리고 경제 호황기에는 125명을 고용하고, 불황기에는 75명을 고용한다고 하자. 2개의 기업이 다른 지역에 있을 때에는 호황기에는 25명을 추가로 고용하고 싶어도 어려움이 있고, 불황기에는 25명의 노동자는 일자리를 구하기 어려워진다.

거대한 노동시장: 좀 더 정확한 경제학 용어로는 labor market pooling이라고 한다. pooling에는 합친다는 뜻이 있는데, 노동시장을 합쳐서 더 거대한 노동시장을 만든다는 뜻이다.

그런데 100명을 고용하는 기업 2개가 같은 지역에 있으면 하나의 기업이 호황일 때 다른 기업은 불황인 상황이 발생할 수 있다. 그리고 기업이 2개가 아니라 100개가 모여 있으면, 더 큰 노동시장이 형성되고, 커다란 노동시장은 노동자의 입장에서 보다 일자리를 쉽게 구할 수 있는 환경을 제공한다. 따라서 공업벨트나 서비스 활동의 중심지가 만들어지면 노동자들은 공업벨트나 서비스 활동의 중심지로 모이는 것이 보다 합리적인 선택이 된다.

또한 노동자들이 노동을 공급하는 지역을 결정하는 것에서도, 공업벨트나 서비스 활동의 중심지가 더 합리적일 수 있다. 노동자가 이주를 선택하는 이유에는 현재의 임금수준뿐만 아니라 미래에 예상되는 임금수준도 영향을 미치게 된다. 그런데 공업벨트나 서비스 활동 중심지의 미래 예상임금은 농업이 중심인 지역의 미래 예상임금보다 더 높을 것이라고 예상하는 것이 더 합리적이다.

공업이나 서비스 활동 중심지의 경제성장 속도가 농업 중심지역보다 더 빠른 것은 역사적으로도 사실이고, 노동자들도 직접적으로 쉽게 관찰할 수 있기 때문이다. 따라서 노동자들은 공업벨트나 서비스 활동의 중심지로 이동하게 되고, 이는 인구의 집중을 통해 그 지역의 수요가 커지는 상황을 발생시킨다. 이에 따라 더 많은 생산자가 공업벨트나 서비스 활동의 중심지로 이동하게 되고, 공업벨트가 확장되거나 서비스 활동이 더 활발해지면서 더 빠른 경제성장이 실현된다.

이렇게 되면 미래 임금의 빠른 상승을 예상하였던 노동자들의 예상이 현실로도 실현되는 자기실현적 기대•가 발생한다. 그렇게 높은 임금이 실현될 경우 노동자들은 또 더 높은 임금을 예상하게 되고, 노동자들이 모여들고, 수요가 상승하고, 생산자들이 모여들고, 경제가 성장하는 기대실현적 순환구

자기실현적 기대: 경제학의 기대이론 중 하나로 예측이 근거가 되어 스스로 실현된다는 것이다. 영어로는 self-fulfilling expectation이라고 한다.

조가 실현되는 것이다. 따라서 노동자들이 공업벨트나 서비스 중심지의 임금상승이 더 빠를 것이라고 예상한다면, 공업벨트나 서비스 중심지로 모여들어 더 큰 노동시장을 형성하는 것이 더 합리적인 것이다.

또한 공업벨트나 서비스 중심지에서는 기술이 좀 더 빠르게 확산되는 효과•가 있다. 노동자들은 자신이 가지고 있는 기술이 특정 산업이 모여 있는 곳에서 더 잘 활용될 수 있다면, 그러한 산업이 모여 있는 지역을 선택하게 된다. 따라서 초기 조건이나 역사적 경로로 인해, 특정한 기술을 가진 기술자들이 많이 모여 있는 곳이 발생하면, 그곳에서 초기의 공업화가 이루어지고, 그 경우 관련 기술자들은 그 지역으로 더 모여들게 된다. 관련 생산자들 또한 그 지역으로 모여들고, 그러한 과정에서 기술은 그 지역 내에서 관련사업군에 좀 더 빠르게 확산된다.

기술이 좀 더 빠르게 확산되는 효과: 영어로는 spillover 효과라고 표현된다. 이는 기술이 주변 지역으로 넘쳐 흘러가서 확산된다는 뜻이다.

따라서 서비스 산업이 중심이 된 한국 경제의 특성을 고려할 때, 공산품과는 다른 형태로 운송을 해야 하거나 운송이 어려운 서비스 활동의 경우, 지역에 정책적으로 공업벨트를 형성하려고 한다 하더라도 노동자가 과거에 박정희 정부에서 경제개발계획을 통해 남동임해공업지대에 공업벨트를 조성하였던 때와는 다르게 모여들지 않을 수 있는 것이다.

4

가치적 측면에서의 지역 격차

가치적 측면에서의 격차

가치적 측면에서의 정의

가치적 측면에서의 격차

가치적 측면을 중시하는 시각에서의 지역 격차는 지역 격차를 수학적 측면보다는 불평등과 불평등의 개선이라는 가치적 측면에 두고 바라본다. 한국지리 교과서에서 지역 격차와 관련된 서술에 대해서 연구한 박선미(2023)에 따르면, 한국의 수도권과 비수도권의 격차는 국가 권력이나 거대 자본에 의해 사회적 기회, 자원, 권력이 지역 간에 불균등하게 배분된 공간 부정의의 전형에 해당한다.

이러한 가치적 측면에서의 지역 격차는 그 원인을 Krugman(1991)이 제시하는 경제 활동의 지리적 집중이 발생하는 과정에서 나타나는 수학적 모형의 결과와는 다른 곳에서 찾는다.

"2009년에 발간된 EU의 Barca 보고서와 2개의 보고서는 도시 중심의 집적 효과가 자연적 동인• 이 아닌 집권 잠재력을 이끌기 위한 자본의 강한 입력을 받은 국가 권력이 대규모 재정을 투입한 결과라고 하였다. 집적 효과를 겨냥한 지역정책은 주로 비민주적이고, 불투명하게 의사 결정되었고, 그 결과 공간 불평등이 심화된 결과를 초래했다고 비

자연적 동인: 자연적으로 변화를 가져오게 만드는 원인을 말하는데, 수학적 모형에서는 운송비용, 고정비용 등의 변화가 자연적 동인이라고 할 수 있다.

판하였다. 그리고 세계은행이 지지하는 정책이 장기적으로 보면 지역 간 노동력 이동에서 극심한 비효율성과 과도한 대도시 집중 등으로 인하여 오히려 성장을 저해한다고 반박하였다(장재홍 2011: 141). OECD(2009b) 보고서는 그 근거로 GDP 및 GDP 성장잠재력•의 3분의 2가 핵심 지역이 아닌 지역에서 창출되었고, 기존의 핵심 지역의 경우, 인구 규모가 2배가 되더라도 생산성이 5~7% 향상되는 등 핵심 지역으로의 인구 집중이 국가 전체의 생산성 향상에 그다지 기여하지 않았다는 점을 들었다(박선미 2023: 80)."

성장잠재력: 미래의 성장까지를 다 고려하는 것을 뜻한다. 예를 들어, 경제성장이 환경오염을 가져온다면 환경오염은 미래의 성장에 비효율적일 수 있음을 고려하는 방식이다. 다만 환경오염과 같은 부정적 측면에 대한 고려가 주로 이루어지고, 기술발전과 같은 긍정적 측면에 대한 고려는 대칭적으로 이루어지지 않는 경향성이 있다.

이러한 시각에서는 도시 중심의 집적 효과는 자연적 동인이 아닌 집권 잠재력을 이끌기 위한 자본의 강한 입력을 받은 국가 권력이 대규모 재정을 투입한 결과로 분석된다. Krugman(1991)의 모형에서는 규모의 경제와 고정비용과 운송비용과 같은 자연적 동인이라고 할 수 있는 요인들이 도시 중심의 집적 효과를 가져온다고 분석되지만, 그와는 달리 자본과 국가 권력이 그 주요 요인으로 지목된다. 그리고 그러한 결과는 고정비용과 운송비용을 비교한 선택을 통해 이루어지기보다는 비민주적이고, 불투명한 의사결정 과정을 가지며, 지역 간의 GDP의 차이라는 경제 활동의 지역적 집중이라는 결과로 해석되기보다는, 공간 불평등이라는 정의와 관련된 가치적 측면이 심화되는 결과로 해석된다.

따라서 2개의 시각은 매우 대립적이며, 서로 다른 논리적 구조를 가지고 있다. 이 책에서 자세하게 설명한 Krugman(1991)의 모형을 선호하는 시각에서는 Krugman(1991)의 모형에 대한 반박은 수학적 가정에 대한 반박과 수학적 가정이 변화할 경우, 결론이 변화한다는 논리적 방식을 따라야 한다. 하지만 수학적 모형의 경우, 상당히 엄밀하게 구축• 되기 때문에 잘 설립된 모형의 경우에는 수학적 가정의 영향을 크게 받지 않고, 가정이 변화한다고 하더라도 결론이 크게 변화하지 않는다.

엄밀하게 구축: 영어로는 robustness check를 한다고 표현한다. 이는 모형의 결과가 수학적 가정을 변화시키거나 변수를 변화시키더라도 결론에 큰 차이를 가져오지 않는다는 것을 검증하였다는 것을 뜻한다.

하지만 가치적 측면을 중시하는 시각에서는 불평등이라는 가치적 측면에서의 문제점을 해결하는 것이 수학적 측면보다 중요하다. 따라서 Krugman(1991)의 모형에 기초한 분석결과들은 자본과 권력과 관련된 시각에서 서술된 것이며, 그러한 측면에는 가치적 측면에서 올바르지 않음을 지적하는 것으로 간단하게 반박하고 넘어가는 형식을 취

한다. 이 책에서 Krugman(1991)의 모형을 최대한 쉽고 자세하게 설명하는 이유는 Krugman(1991)의 모형이 신자유주의와 같은 자본과 권력과 관련된 시각보다는 수학적 측면에서 서술되어 있으며, 이를 가치적 측면에서 올바르지 않다고 간단하게 반박하고 넘어가는 것은 그다지 타당하지 않다고 생각하기 때문이다.

또한 근거로 제시되는 "GDP 및 GDP 성장잠재력의 3분의 2가 핵심 지역이 아닌 지역에서 창출되었고, 기존의 핵심 지역의 경우, 인구 규모가 2배가 되더라도 생산성이 5~7% 향상되는 등 핵심 지역으로의 인구 집중이 국가 전체의 생산성 향상에 그다지 기여하지 않았다는 점"은 Krugman(1991)의 수학적으로 정립된 모형과는 달리 데이터를 해석하는 부분이기 때문에, 그 해석에 있어 가치적 측면의 영향을 좀 더 많이 받는 측면이 있다.

예를 들어 설명하면, 우리나라의 일조량은 가치적 측면의 영향을 받지 않는 수학적 수치인데, 이 수치는 태양광 발전을 선호하는 시각에서는 충분하다고 해석되지만, 원자력 발전을 선호하는 시각에서는 충분하지 않다고 해석되는 것과 비슷한 측면이 존재하는 것이다.

가치적 측면에서는 어떠한 가치가 더 중요한 것인가에 대한 관점이 중요해진다. 수학적 측면에서는 크고 작음으로 구분을 지을 수 있는 반면에, 가치적 측면에서는 그러한 크고 작음의 기준을 동일하게 적용하기가 어렵기 때문이다.

가치적 측면에서의 정의

지역 격차를 가치적 측면에서 바라보는 시각에서는 지역 격차는 지역이 불균등하게 발전하는 공간 부정의, 다시 말해 공간적인 올바르지 않음이라고 할 수 있다. Young(1990)의 차이의 정의 개념을 활용하여 공간 정의 개념을 정교화하면, 공동체의 경계선 안쪽에 있는 지배집단은 혜택과 권리, 이익을 누리고, 경계선 바깥에 있는 사람들은 배제되고 차별받는다.

이러한 시각에서 국토의 12% 정도의 면적에 50% 이상으로 집중된 인구가 살고 있는 수도권은 불균형적인 지역발전이라고 할 수 있으며, 공간적인 부정의는 공간의 사유화와 강탈을 통해 계층적

구별짓기로 이어진다(김승환 2021: 56). Young(1990)은 억압으로부터의 해방이 중요하다고 규정하고, 따라서 경계선 내부의 동질성을 기본을 구분짓는 공간적 부정의의 개념을 넘어 함께하기와 공공성을 강조하는 방향으로 나아가는 것이 필요하다고 주장된다(곽노완 2013: 296~297).

하지만 함께하기와 공공성은 가치적 측면에서는 올바르지만, 현실적 측면에서는 문제를 해결하는 것처럼 보이게 할 뿐 실질적으로는 해결하지 않는, 정치적으로만 올바른 상황•을 만들어 낼 수 있다. 다시 말해, 함께하기와 공공성에 수반되는 비효율성은 크지만, 함께하기와 공공성이 해결해 내는 실질적 결과물은 미미한 효과를 나타낼 수 있다.

정치적 올바름: 영어로는 political correctness라고 표현되는데, 이 단어는 부정적 의미로 사용되는 단어이다. 정치인들은 종종 정치적으로는 올바르지만 현실적으로는 큰 변화를 가져오지 않는 행동을 하고, 무언가 의미 있는 행동을 하였다고 주장하는데, 이를 비판하기 위한 단어이다. 예를 들어, 의장을 뜻하는 chairman이라는 단어를 chairperson으로 바꾸지만, 실질적으로 여성이 의장을 하는 것을 지지하기보다는, 단어만 정치적으로 올바르게 바꾸고, 정치적으로 올바른 행동을 하였다고 정치인들이 주장하는 상황을 의미한다.

Krugman(1991)에서의 동쪽 인구 집중, 서쪽 건설과 같은 경우가 그러한 상황을 나타낸다. 함께하기와 공공성을 위해 동쪽에 인구가 집중된 상태에서 서쪽에 공장을 건설하면, 함께하기와 공공성이라는 가치에는 합당하지만 경제적으로는 비효율이 발생하게 되고, 그로 인한 비용은 기업이 감당해야 하는 상황이 발생하는 것이다.

Soja(2010)는 사회적 공간이 불평등하게 형성

될 수 있다는 사실을 어느 정도 수용하였다. 이는 Krugman(1991) 모형의 구조와 어느 정도 일치하는 측면이 있다. 하지만 Soja(2010)는 지역불평등이 정책과 같은 사회적 힘에 의해 심하게 왜곡된다면 그것은 공간 부정의 상태라고 규정하였다. 그리고 민주주의 가치와 차이를 존중하여 권력과 자본에 의해 공간 부정의가 확대되는 것을 경계하며 공간 정의를 실현하기 위해 노력하는 것 자체가 중요하다고 주장한다.

하지만 역시 Krugman(1991) 모형에서 보는 것처럼, 동쪽과 서쪽의 불균형을 해소하기 위한 노력은 오히려 비효율적일 수 있다. 이는 가치적 측면에서는 정의롭지 않은 상황에서 정의로운 상황으로 옮겨가는 것이 올바른 것이지만, 그러한 올바름으로의 이동은 경제적 측면에서 꼭 경제발전과 효율성을 가져오는 것은 아니기 때문이다.

따라서 가치적 시각에서는 효율성에 대하여 경제적 수학적 측면과는 다른 시각을 가지게 된다. 경제적 수학적 측면에서의 효율성은 크고 작음으로 판단되지만, 가치적 측면에서는 효율성이 공동체에 미칠 수 있는 부정적인 효과에 대한 부분에 보다 집중한다.

예를 들어, 가치적 측면에서는 효율성에 기반한 능력주의를 설명하며, 능력의 결과로 도출된 사회적 불평등이 정당화되고 공정한 것으로 간주되는 것은 능력주의가 공동체에 미치는 악영향이 될 수 있다고 설명한다(손순종 2004). 그리고 이러한 능력주의가 공간에 투영되면 수도권과 비수도권의 공간적 불평등을 공고화하고 지역 격차를 더욱 심화할 수 있다는 의견을 제시한다. 따라서 수도권으로 자동차 산업과 같은 전통적 제조업 기능이 옮겨오는 것은 능력주의가 공간에 투영되어 공동체에 미치는 악영향이라고 해석된다(박선미 2023).

하지만 Krugman(1991)의 시각에 따르면, 운송이 어려운 서비스업이 중심이 되는 현대 경제에서, 과거와 같은 공업벨트의 형성으로 인구를 분산시키는 것은 어려운 일이다. 보육 서비스를 제공하는 노동자의 입장에서는 서비스업의 수요가 높은 인구밀집 지역에서 노동을 공급하는 것이 더 합리적이다. 더 큰 노동시장에 참여하면 노동 공급의 위험을 줄일 수 있고, 또한 서비스업이 더 빠르게 성장하는 지역일수록 미래의 임금상승을 더 많이 기대할 수 있기 때문이다.

가치적 시각을 중심으로 한 논의들은 수학적 시각을 소개는 하지만 중요하게 다루지 않고, 가치적 측면에 맞지 않는다는 방향으로 다루며, 현상적인 문제점과 형평성의 문제를 중요하게 논의한다. 하지만 여기서는 반대의 접근 방법을 택해, 가치적 시각을 중심으로 한 관점을 소개하고, 이러한 관점이 수학적 시각과는 어떻게 다른지를 설명하는 방법을 택한다.

이는 책의 초반부에 설명한 수학적 시각은 보다 복잡한 수학적 논리 과정을 이해해야 하므로 접근하기 어려운 측면이 있기 때문이다. 따라서 이 책에서는 Krugman(1991)의 관점을 최대한 쉽게 먼저 설명하고, 가치 중심적 시각이 Krugman(1991)의 관점에서 어떻게 분석되는지를 소개하는 방식을 택하고 있다.

하지만 지역 격차에 대한 수학적 시각과 가치적 시각은 효율성 대 형평성 간의 대립이 극명한 상황이다. 따라서 가치적 시각에서의 분석에 좀 더 관심이 있는 독자라면 가치적 시각에서의 연구결과를 참조하는 것이 권장된다.

5

로컬라이제이션 이론

공업단지가 형성되는 과정

울산의 공업벨트

공업단지가 형성되는 과정

다음으로 다루어야 하는 주제 중 하나는 로컬라이제이션 이론이다. 예를 들어, 우리나라의 경우 왜 울산 지역에 공업단지가 형성되었는지를 설명하는 이론이다. 울산 지역에 공업단지가 형성되는 과정을 보다 자세하게 살펴보면 Krugman(1991)이 설명하는 로컬라이제이션 이론이 한국에도 어느 정도 적용될 수 있음을 알 수 있다.

Krugman(1991)은 어떤 산업이 어떤 지역에 위치하게 되는지와 관련해서, 지역적 조건, 역사적 경로 그리고 우연이 중요하다는 것을 강조한다. 하지만 경제 활동의 지역적 집중을 설명하는 것과는 달리 로컬라이제이션 이론과 관련해서는 수학적 모형보다는 역사적 경로를 제시하는 것에 중점을 둔다.

그리고 미국에서 침대보와 관련해서 1895년 미국 조지아주의 달튼 시에서 캐서린 에반스라는 소녀가 결혼선물로 장식용으로 올록볼록하게 솜이나 실을 박아 넣은 침대보를 만든 것을 계기로 달튼 지역에 카펫 공장들이 모여들었다는 이야기를 서술한다. 장식용으로 올록볼록하게 솜이나 실을 박아 넣은 침대보는 인기가 좋아 상품화되어 판매되기 시작하자 바느질과 관련된 기술을 가진 사람들이 모여들었고, 카펫 공장에서 공장을 지을 곳을 찾아보았을 때, 관련된 기술을 가진 사람들이 가장 많이 모여 있는 곳이 조지아주의 달튼이었기 때문이다.

비슷한 내용으로 우리나라에 왜 울산 지역에 공업벨트가 조성되었는지에 대해 설명하는 것을 생각해 볼 수 있다. 일반적으로 널리 알려진 이유는 당시의 유력 정치인들이 자신들의 고향 지역과 가까운 경상도의 울산을 선택하였다는 것이다. 이는 가치적 측면을 강조하는 지역 격차 이론과 일맥상통하는 측면이 있다. 유력 정치인들의 고향이 경제적 혜택을 향유할 수 있는 공업벨트 지역으로 선택되고, 정치인들은 이를 통해 정치적 지지를 얻게 되는 것이다. 경계선 안에 있는 권력집단이 자본과 권력을 투입하여 경제적 혜택을 사유화하고 공고화한 것으로 보인다.

하지만 이는 박정희 정부의 경제개발정책이 성공하였다는 것을 알고 있는 상황에서의 사후적으로 해석하는 측면이 있다. 박정희 정부가 경제개발계획을 실행하던 때, 한국이 그 계획을 통해 매우 빠른 경제적 성장을 이루어낼 것이라고 예상한 전문가는 아무도 없었다. 다시 말해 울산에 공업벨트를 조성하는 것은 당시로는 성공 가능성을 예측할 수 없는 위험한 경제개발계획이었다. 실제로 포항제철을 건설하기 위해 국내 자금을 모금하였을 때, 포항제철의 국내 자금 목표액은 33억 원이었는데, 0.4%만이 모금되었다. 포항제철이 대기업이 된 지금의 시점에서 생각해 보면, 그때 포항제철에 투자를 하였다면 매우 높은 투자 수익률을 누릴 수 있었을 것이지만, 국내는 물론 해외에서도 투자를 하지 않았던 것이다.

울산의 공업벨트

한삼건(2015a; 2015b)은 울산에 공업벨트가 조성된 이유를 조사하며 다른 견해를 제시한다. 1965년 일본에서 발행된 「맨 얼굴의 한국」이라는 울산공업센터 르포기사에 중에는 다음과 같은 내용이 있다(서일본신문 1965년 8월 11일자, 한삼건(2015a; 2015b)에서 재인용).

재미있는 것은 울산개발은 2차 대전 중의 일본 측 유산이 고스란히 반영된 점이다. 항만은 조선축항주식회사가 인구 50만의 공업도시 육성을 목표로 계획한 항만축조와 같고, 현재의 정유공장은 전쟁 말기 일본이 북한에서 이설한 조선석유시설 부지를 활용하고 있다. 공업용수 조사도 일본 식민지 시기에 완료된 것을 대부분 그대로 활용한 것 같다.

일제시대 울산공업도시 계획은 이케다 스케타다(池田佐忠)에 의해 만들어졌다. 그는 계획을 구상하고, 기공식을 열고, 동양척식주식회사가 공장용지를 매입하게 하였고, 철도를 부설하고 울산 여천동과 매암동 일대 바다를 매립하는 허가를 받아냈다.

이케다 스케타다는 1937년부터 울산항 축항 및 인구 50만 공업도시 계획 수립을 시작하였다. 1939년에는 야마구치(山口)현 유야(油谷)만과 울산을 연결하는 유울(油蔚)연락항로계획도 수립하였다. 유울 연락 루트는 울산에서 야마구치현 유야만까지의 200km를 7,000톤급 연락선으로 연결하는 계획을 말한다. 유야만은 일본 해군 연합함대가 정박하였을 정도로 좋은 항만조건을 갖추고 있어서 울산처럼 인구 30만의 공업도시와 항만으로 개발하기 위해 1945년 2월에 공유수면 매립이 허가되었다.

이케다 스케타다는 1941년부터 조선총독부로부터 여천동 등지의 바다 매립면허를 취득하였고, 1942년 12월 울산개발계획이 조선총독부로부터 최종 허가되었다. 허가조건이 허가 후 6개월 이내 착공이었기 때문에

1943년 5월 11일 현재 울산의 학성공원에서 기공식이 거행되었다. 이케다 스케타다의 개발계획이 실린 자료는 1943년 4월 28일에 부산에서 발행되었는데, 1943년 5월 11일에 있었던 기공식 현장에서 배포한 것으로 보인다(한삼건 2015b).

울산과 유야에서 개발 분위기가 형성되고, 공장부지 매입과 항만 매립공사, 철도부설 등의 공사가 진행되었다. 원산에 있던 조선석유공장 이전이 70% 정도 진척되었지만, 1945년 8월 15일, 일본이 항복하면서 모든 개발은 중단되었다. 그런데 국내에서는 이케다 스케타다가 추진하던 울산개발계획이 중지된 지 만 17년 만에, 안경모에 의해 박정희 정권의 울산 개발로 이어졌다.

당시 상공부장관이었던 정래혁 소장은 처음부터 자연스럽게 울산이 공단건설의 적지로 떠올랐다고 하였고, 이병철, 남궁련 등의 경제인은 울산을 공업센터로 예정해 놓고 있었다고 하였다. 울산은 일제강점기 때 일본정부의 승인을 받아서 공업단지 개발이 추진되었기 때문에 개발 가능성이 검증되었고, 일본인들이 남기고 간 항만시설과 철도, 그리고 무엇보다도 수백만 평의 공장용지가 국유지로 남아 있었기 때문이다. 실제로 1943년 5월 11일에 울산에서 인구 50만 공업도시 개발 기공식이 있었는데, 당시의 개발 내용은 1962년에 시작된 울산의 개발계획과 흡사하다.

참고로 당시 울산특정공업지구 지정 과정을 살펴보면, 1962년 1월 4일에 울산공업센터 지정 가능성에 관한

토의와 조사단이 결성된다. 3일 후인 7일부터 14일까지 조사단이 울산 현지를 조사한다. 조사 도중인 10일에 경제인협회(지금의 전국경제인연합)가 울산을 공업센터로 지정해 달라는 건의서를 제출한다. 1월 23일에 제1차 경제개발 5개년계획이 발표되고, 이틀 후인 25일에 울산특정공업지구 의결주문이 있었다. 다시 그 이틀 후인 27일에 울산특정공업지구가 결정되어 공포된다. 그리고 2월 3일에 기공식이 열린다. 1월 4일부터 2월 3일까지 불과 한 달 만에 중요한 국가적 사업이 결정된 것이다. 준비된 계획이 있었다고 판단하는 것이 타당하다.

안경모는 울산개발계획의 중요 인물이라고 할 수 있다. 그는 박정희 정권 내내 울산조사단장, 울산개발본부장, 교통부장관, 산업기지개발공사 사장 등을 거치며 건설국보란 별명을 얻었다. 그는 일제강점기에 조선총독부 철도국에서 근무하였는데 해방 후에도 공무원을 하고 있었다. 5.16 군사정변 1년 전인 1960년 5월 7일자 동아일보 정부인사란에 교통부 소속 기정이었던 안경모 씨를 기감으로 승진시켜서 교통부 시설국 근무를 명하였다는 기사가 보인다. 그런데 그가 5.16 군사정변이 일어난 지 불과 일주일째인 1961년 5월 23일자로 국가재건최고회의 기획위원회 가운데 재건기획분과위원회 위원으로 추대되었다. 안경모는 일제강점기 때 울산개발계획의 인허가 담당자였기 때문에 관련 자료를 그가 가지고 있었을 것으로 보이며, 그것이 어떤 경로로 박정희 의장에게 전해진 것으로 본다. 조갑제는 그가

쓴 박정희 전기 『내 무덤에 침을 뱉어라』에서 당시 경제기획원 산하 국토건설청이 일제강점기 울산개발계획서를 입수하였다고 기록한다. 당시 국토건설청차장이 바로 안경모였다. 이것이 박정희 대통령이 울산의 공업계획을 빠르게 추진하였던 핵심 이유라고 판단된다(한삼건 2015a).

울산 정유공장의 건설은 아무런 기반 없이 추진된 것이 아니었던 것이다. 관련기반의 구축이 있었고, 과거로부터 이어져 온 관련계획이 있었던 것이다.

따라서 울산에 공업벨트가 조성된 이유는 유력 정치인들의 고향이 경상도 지역이었다는 것도 하나의 원인이 될 수 있었지만, 일본의 울산 공업도시 조성계획과 항만조성, 국유지 조성, 정유공장의 건설, 그리고 그 계획이 박정희 정부에서 계속 이어지면서 결정된 것이라고 할 수 있다. 이는 Krugman(1991)이 서술하는 것처럼 산업이 어디에 위치할지는, 지역적 환경과 역사적 경로 그리고 우연이 중요하다는 점과 통하는 측면이 있다.

또한 울산 공업벨트가 건설된 이후를 보면, 노동자들이 관련 산업이 있는 곳으로 모여드는 현상도 관찰된다. 기록을 살펴보면 울산에 정유공장이 건설된 이후 원산의 정유공장에서 일해 본 경험이 있는 노동자들이 울산으로 일자리를 찾아오고, 정유공장에서 일하는 사례가 발견된다.

> 아버지가 이북 원산에서 정유공장에 계시다가 해방되고 여기 기술자로 오신 거지. 아버지는 건축업인데 목수라고 보면 되죠. 정유공장 짓는 일을 하였어. (중략) 그러다가 분위기가 조금 이상하니까, 원산에서 아버지가 우리 식구를 델꼬 내려와 버렸지. (중략) 아버지가 서울에 정착하였다가 석유회사가 울산에 있으니까 여기에 왔는데, 한 달 만에 우리 아버지가 못 있겠더래요. 그때 너무 시골이니까. 음식이고 뭐고 전부 다 적응이 안 되니까. 회사에서 붙잡아 갖고 이날 이때까지 여기서 살게 된 거지(울산발전연구원 2018: 236~237).

울산발전연구원의 기록을 보면, 관련 기술이 있는 기술자가 공업벨트로 스스로 찾아오는 것을 관찰할 수 있다. Krugman(1991)이 서술하는 공업 노동자의 이동이 관찰되는 것이다. 또한 당시 울산 지역이 경제 활동의 집중이 되어 있지 않은 시골이었다는 것도 확인할 수 있다. 회사에서 붙잡았다는 것은 회사가 관련 기술을 가진 노동자에게 높은 임금을, 또는 높은 미래임금을 제시할 수 있었다는 것을 보여 준다. 이는 노동자가 공업벨트가 조성되면, 더 큰 노동시장이 있는 곳으로 이동하며, 높은 임금 또는 높은 미래임금에 기반하여 어디서 노동을 공급할 것인지를 결정하고 있음을 보여 주고 있다.

6

지역 격차와 정책

지역 격차는 이를 바라보는 시각에 따라 크게 달라지는 문제다. 예를 들어, 지방에서는 서울 중심적 시각에 대응하기 위해, 지방 중심적 시각에서 서울 중심주의를 비판하기도 한다. 하지만 서울 중심적 시각에서는 지방 중심적 시각을 비합리적인 지역 이기주의로 볼 수 있는 것도 사실이다. 실제로 지방 중심적 시각에서는 서울 중심주의에 대한 비판을 위해 극단적인 시각을 가지는 경우도 종종 발생하게 된다. 서울 중심주의에서는 지방에 대한 극단적 시각을 가지고 있더라도, 공공기관의 지방 이전과 같이 특별한 경우가 아니면 드러낼 필요가 적기 때문에 서울 중심적 시각이 외부로 잘 드러나지 않는다.

중립적 시각을 가지는 것은 형식적으로는 가능할 수 있으나 실질적으로는 매우 어려운 일이다. 따라서 서울 중심적 시각도 지방 중심적 시각도 형식적으로는 중립적인 형태를 취하고 있지만, 실질적으로는 그리 중립적이지 않은 경우가 많다. 서울 중심주의에서 지방의 문제 제기는 다수결의 문제나 경제력의 우위로, 또는 지방을 배려한다는 시혜적 성격의 예산을 일정 부분 할당하여 다룰 수 있는 문제다. 수학적 분석을 통해서 보아도, 효율성의 측면에서 서울 중심적 시각을 유지하는 것에는 큰 문제가 없다.

또한 지방의 입장에서도 국토 균형 발전이라는 가치에 기반하여, 지역 격차에 대한 문제를 제기하고, 문제 제기를 통해 손쉽게 얻을 수 있는 혜택과 예산이 있기 때문에 지역 격차 문제가 아주 심각해지기 전에는 당장 손쉽게 얻을 수 있는 혜택과 예산에 집중하는 것이 당장 정책을 실행해야 하는 지방정부 입장에서는 합리적일 수 있다.

예를 들어, 지방의 경우에는 국회의원을 뽑는 지역구의 유권자 수가 서울보다 적은 경우가 많다. 실제로 국회의원 선거구당 가능한 인구편차는 3:1로 설정되어 있었는데, 이는 2016년 실시된 20대 국회의원 선거부터 2:1로 수정되었다. 따라서 지방은 인구에 비해 더 많은 국회의원 수를 가지게 되고, 이는 지방이 가지는 일종의 정치적 혜택이라고도 할 수 있다. 그리고 그러한 점은 지방의 정치적 대표성이 과도하게 나타난다는 주장으로도 이어지게 된다. 하지만 국회의원 수가 상대적으로 조금 더 많다는 것이 지방이 더 많은 혜택을 누린다는 것을 바로 의미하는 것은 아니다.

어떤 경우에는 노력이 아닌 위치가 많은 것을 결정한다. 산업도시 울산의 경제가 좋았던 시절에 울산에서 은행 지점장을 하면, 아침에 출근하기만 해도 지점에서 달성해야 하는 대출목표도 알아서 채워지고, 신용카드 발급목표도 저절로 달성되었다고 한다. 하지만 경남의 시골 지점에 가면 그 어떤 노력을 해도 목표 달성이 어려웠다고 한다. 울산과 경남의 위치적 차이도 상당히 큰데, 서울과 지방의 위치적 차이는 국회의원이 몇 명 더 많다고 해결할 수 있는 부분이 아닌 것이다.

하지만 이제는 인구 문제와 저출산, 청년 문제와 고령화와 겹쳐 지역 격차 문제는 지방 소멸 문제와 맞물려 아주 심각한 단계에 들어왔다고 판단된다. 지방에서도 더 이상 당장 쉽게 얻을 수 있는 예산과 혜택에 집중해서는 안된다는 것이 명확해지고 있다. 지방 소멸이 점점 현실화되고 있는 것이다.

사실 지역 격차 문제는 단순한 경제적 격차의 의미는 아니다. 2024년 한국의 합계출산율•은 0.7명 정도다. 하지만 서울의 합계출산율은 0.5명대에 머무르고 있다. 구체적으로 전국의 합계출산율

합계출산율: 한 여자가 가임기간에 낳을 수 있을 것으로 기대되는 평균 출생아 수를 말한다.

은 2023년 2분기부터 2024년 2분기까지 0.66에서 0.76 사이를 기록하고 있지만, 서울의 합계출산율은 2023년 2분기부터 2024년 2분기까지 0.51에서 0.59 사이를 기록하고 있다.

서울의 합계출산율이 전국 평균보다 낮다는 것은 서울이라는 지역에서 발생하고 있는 치열한 경쟁으로 인해 아이를 적게 낳는다는 것을 뜻한다. 인구밀도가 높으면 아이를 적게 낳는 것은 동물과 식물, 그리고 인간에게서 공통적으로 관찰되는 현상이다. 그리고 서울은 부족한 인구를 지방에서 흡수하는 방식으로 해결하고 있다.

서울이라는 지역의 측면에서 보면, 저출산 문제는 인구를 지방에서 흡수하면 간단하게 해결되는 문제로 보이지만 사실은 그렇지 않다. 한국의 저출산 문제는 기본적으로는 서울 집중이라는 현상이 해소되지 않으면 해결할 방법이 없다고 분석된다. 그리고 저출산 문제는 서울에도 결국 영향을 미친다. 서울이 흡수할 수 없는 이동성이 낮은 초등학생층이 줄어들기 때문이다. 인구 문제는 초장기• 적으로 매우 심각한 문제를 서울에도 가져오고, 단기적으로 해결하기 어려운 특성을 지니고 있다.

초장기: 초장기의 기준에는 여러 가지가 있지만, 인구 문제에서는 한 세대의 기간인 25년에서 30년으로 정한다.

마지막으로 지역 격차 문제는 세대 간의 시각이 확연하게 다른 문제이기도 하다. 청년 세대의 가장 큰 특징은 이동성이 높다는 것이다. 다시 말하면 지역 격차와 지방 소멸 문제는 청년 세대에게는 큰 문제가 되지 않는다. 청년 세대는 지방이 소멸하면 그냥 서울로 이동해 버리면 된다. 지역 격차와 지방 소멸 문제가 크게 다가오는 것은 이동성이 낮은 나이 든 세대의 문제이다. 이동성이 낮아 서울로 이동하기 어려운 나이 든 세대에게 지방 소멸 문제는 직접적이다.

한국의 지역 격차 문제는 아마도 일본의 지역 격차 문제를 그대로 답습할 것이라 예상된다. 인구 문제와 저출산, 청년 문제와 고령화에서 일본의 사례를 바로 옆에서 지켜볼 수 있었지만, 한국이 해결책을 찾지 못하였던 것처럼 지역 격차의 문제도, 지방 소멸이 이루어지고 있는 일본의 사례를 따라갈 것으로 예상된다.

이 책에서는 지역 격차 문제를 일반적 시각과는 다른 시각에서 바라보고, 원인을 진단하여 해결하는 방법을 찾기보다는 어떻게 받아들여야 할 것인가에 좀 더 집중하고자 한다. 일본의 경우를 보면 저출산 문제는 인구가 줄어들 만큼 줄어들자 반등하기 시작하였다. 청년 문제 또한 인구가 충분히 줄어들자 노동력 부족 현상이 나타나면서 해결되기 시작하였다. 예를 들어, 2025년 일본 후쿠오카 대학교의 취업률은 90%를 쉽게 넘어섰으며, 취업률은 후쿠오카 대학의 주요 문제가 아니다.

지역 격차 문제도 당장의 해법은 보이지 않지만, 시간이 충분히 지나면, 사회가 그 변화에 적응할 문제라고 보는 것이 보다 더 정확할 수도 있다. 따라서 이 책에서는 수학적 측면에서의 원인은 설명하지만, 가치적 측면에서의 정확한 원인 진단은 하지 않는다. 현재 나타나고 있는 다양한 현상을 여러 가지 시각에서 검토하고, 어떻게 받아들일지를 이야기하는 것을 목표로 한다.

강남과 아파트

지역 격차는 사실 서울 내에서도 발생하고 있는 문제다. 강남이라는 지역으로 대표되고, 교육이라는 근거로 정당화되는 강남의 아파트 가격은 한국 사람들이 자주 접하는 뉴스다. IMF로 대표되는

1990년대 후반의 경제위기 이후, 강남의 아파트 가격은 매우 빠르게 상승하였다. 예를 들어, 1979년 분양가가 2,000만 원이었던 은마아파트는 1997년에 2억 7,000만 원 정도에 거래되었는데, 2007년 16억 원으로 상승하였고, 2024년 8월 28억 5,000만 원으로 상승하였다. 강남의 아파트 가격은 상대적인 상승률도 높았고, 절대적인 수치로도 높았다. 상대적인 상승률도, 절대적인 수치도 한국의 평균적인 사람들에게는 상상하기 어려운 수준이었고, 그러한 과도한 상승세는 추세적으로는 20년이 넘게 이어졌다.

수치적으로 보면 서울의 과세대상 주택거래는 2014년 5.5조 원에서 2018년에는 44.1조 원으로 급증하였다. 이중 불로소득으로 추정되는 금액은 19.7조 원이며, 이는 전국 주택거래에서 불로소득으로 추정되는 금액인 31조 원의 63.4%를 차지한다. 수도권이 부동산 불로소득에서 차지하는 비중은 82.8%로 추정되고, 부산, 울산, 경남 지역을 합한 불로소득의 비중은 4.9%로 추정된다(김용창·정준호·정진영 2019).

과도한 상승세가 지속적으로 실현되면 자기실

현적 기대가 실현되는 상황이 발생하게 된다. 강남에 아파트를 가지고 있거나 투자를 하고 싶어 하는 사람들은 강남의 아파트 가격이 더 상승할 것이라는 예상을 하고, 그 예상이 현실에서 실현되면, 또 다시 자신이 소유하고 있거나 투자하고자 하는 강남의 아파트 가격이 더 상승할 것이라는 예상을 하게 된다. 그리고 그 예상이 현실에서 다시 실현되면, 예상이 실현되어 근거가 생성되는, 자기실현적 기대의 순환이 이루어지게 된다.

또한 그러한 경제적 격차의 차이가 노력의 유무보다는 위치가 지닌 장점으로 인해 발생하는 것이라는 사실에 가까운 인식은 서울의 강남이라는 위치가 지닌 장점에 비하여 지방의 단점에 대해 과거보다 더 강력하게 인식하게 되었다는 것을 의미할 수 있다.

서울 사람들이 지방이 살기 좋지 않다고 생각하는 것은, 어쩌면 지방에서 살아가고 있는 사람들에게는 크게 인식되는 부분이 아닐 수 있다. 그 지역에서 살아가고 있는 사람들은 어떠한 이유에서든 현실에 적응해서, 장단점을 인식하고 살아가고 있는 상황이기 때문이다. 하지만 지방이 살기에 크게 나쁜 것은 아니지만 강남과 같은 부동산 가격의 상승을 누리지 못하는 위치라는 것이, 지난 20여 년간 강남 아파트 가격과 관련된 뉴스를 통해 명확하게 인식되었을 것이라고 생각된다.

더 나아가 강남의 아파트 가격의 상승 원인이 교육이라는 명분으로 정당화되었다는 것은, 어쩌면 강남과 지방의 위치적 차이에 대해 더욱 강력하게 인식하는 계기가 되었다고 판단되는 측면이 있다. 한국의 높은 교육열은 자식 교육이라는 분야에 대해서는 합리적인 판단을 하는 것을 방해하는 측면이 존재하기 때문이다. 강남의 아파트 가격 상승은 교육열이 높은 사회적 분위기와 맞물려 강남이 지닌 위치적 장점을 지방과 더 명확하게 대비시켰을 것이라 생각된다.

강남의 아파트 가격으로 수치화시키지 않더라도, 서울과 지방의 경제적 격차에 대한 자료는 다양하게 존재한다. 서울과 경기도, 그리고 인천으로 구분되는 수도권으로의 경제적 집중은 크게 놀라운 사실이 아니다. 수도권의 인구비중은 2019년 50.0%를 기록하였고, 이후로도 계속 상승하여 2023년에는 50.7%를 기록하고 있다. 지역 격차에 대한 데이터는 지역 격차와 관련된 다른 연구에서 쉽게 찾아볼 수 있으니, 데이터에 관심이 있는 경우에는 다른 연구를 찾아보는 것이 권장된다.

이 책에서는 지역 격차에 대한 자료를 제시하는 대신, 지역 격차에 대한 자료의 제시가 가치적 측면에서의 논리구조에서 주로 사용되는 방법이라는 것을 먼저 설명하고자 한다. 자료를 제시하는 것 자체는 중요하지만, 이는 곧 이러한 격차를 해결해야 한다는 논리로 이어지며, 결국 당위의 문제로 문제의 구조를 설정하게 된다. 그리고 당위의 문제이기 때문에 문제의 해결이 근본적으로 어렵다는 수학적 논리를, 세밀하게 검토하지 않아도 된다는 방식으로 문제의 구조를 설정하는 측면이 있다. 그래서 이 책에서는, 부정되지 않는 지역 격차에 대한 자세한 자료의 제시보다는 문제를 바라보는 시각의 차이에 따라 해석이 어떻게 달라지는지에 보다 중점을 둔다.

서울 중심적 시각과 지방 중심적 시각의 차이는 경제적 집중이 발생하게 된 원인과 국토 균형 발전이라는 목표에 대한 정책 부분이라고 할 수 있다. 서울 중심적 시각에서는 서울 지역의 높은 경쟁으로 인한 합리성과 효율성이, 또는 지방의 비효율이 서울로 경제적 집중이 이루어지는 원인이라고 판단하는 경향성이 있다. 따라서 지역 격차 문제에 대한 실질적인 관심이 상대적으로 적어지게 된다.

지방에서 높은 효율성을 가지고 있는 인재와 기업들은 서울로 올라오면 되는 문제이고, 서울에서 경쟁에서 살아남지 못한 인재와 기업은 지방으로 내려가면 되는 문제이다. 이는 기본적으로 효율적인 서울과 비효율적인 지방을 구분하는 방식의 경제적 균형[•]을 찾는 문제라고 생각할 수도 있다. 그리고 효율적인 서울이 비효율적인 지방을 위해 효율성을 낮추어야 하는 성격의 문제는 아닌 것이다.

구분하는 방식의 경제적 균형: 경제학 용어로는 a separating equilibrium이라고 한다. 예를 들어, 생산성이 높은 근로자에게는 높은 임금과 많은 노동시간을 제시하고, 생산성이 낮은 근로자에게는 낮은 임금과 적은 노동시간을 제시하여, 생산성이 높은 근로자는 높은 임금과 많은 노동시간을, 생산성이 낮은 근로자는 낮은 임금과 적은 노동시간을 선택하는 것이 최적이 되도록 만드는 것이다.

지방 중심적 시각에서는 서울로의 과도한 경제력 집중이 지방의 피해를 만들어 내는 핵심적인 원인이라고 판단하는 경향성이 있다. 지방은 서울로의 경제력 집중으로 인한 피해자이며, 국토 균형 발전이라는 원칙은 적극적으로 추진되고 실행되어야 하는 명제이다. 하지만 국토 균형 발전은 지난 20년 동안 강남과 지방의 아파트 가격 차이에서 명확하게 나타나듯이 해결되기보다는 악화되어 왔다. 그리고 지역 격차가 커지는 것을 완화하는 대안으로 주로 제시되고 있는 것은 지방에 양질의 일자리를 창출하고 지역 청년들이 서울로 이주하는 것을 막는 방법이다.

이 책에서는 지역 격차가 단기간에 정책적으로는 해결되지 않을 것이라고 보는 입장이다. 따라서 서울 중심적 시각이 정확히 어떤 것인지, 그리고 서울 중심적 시각에서의 문제점 진단이 정확한 것인지, 또는 지방 중심적 시각이 정확히 어떤 것인지, 그리고 지방 중심적 시각에서의 문제점 진단이 정확한 것인지에 대해서 상대적으로 중요성을 두지 않는다. 서울과 지방의 격차가 크다는 상식적인 의견에 기초해 논의를 전개한다.

하지만 어떤 시각이든지 간에 강남의 아파트 가격 상승을 막으려던 정부의 정책이 실질적으로 지난 20년간 실패하였던 것과 같이, 지역 격차를 줄이려는 문제에 대한 분석과 정책은 그것이 서울 내에서의 지역 격차이든 서울과 지방 사이의 지역 격차이든 지난 20년간 실패하였던 것과 비슷하게 계속 실패할 것이라고 예상한다.

지역 격차를 줄이려는 문제 분석과 정책이 실패할 것이라고 예상하는 다른 근거는 한국과 같은 문제를 겪었던 일본이 실패하였기 때문이다. 그리고 또 다른 근거는 지역 격차를 줄인다는 것이 가치적 판단의 영역에 가깝기 때문이다.

옳고 그름은 가치적 판단이다. 그리고 시대에 따라 변하기도 한다. 크고 작음은 수학적 판단이다. 시대에 따라 변하지 않는다. 문제의 정답과 오답은 문제를 내는 사람의 의도에 따라 달라지는 측면이 있다. 맞고 틀림에는 옳고 그름이라는 가치판단이 들어있고, 크고 작음이라는 수학적 판단이 섞여 있기도 하다. 어떤 문제에서는 가치적 판단과 수학적 판단이 전혀 다른 결론을 가리키기도 한다. 맞고 틀림은 수학적으로 보면 대략 맞는다. 시대에 따라 변하지 않기 때문이다. 하지만 가치적 판단과 수학적 판단을 두루뭉술하게 섞어 문제를 내는 사람의 의도에 맞게 결론을 내는 것은 자주 관찰되고 사용되는 문제점이 많은 방식이다.

지역 격차 문제는 정부의 정책적 특성으로 인해 가치적 판단과 수학적 판단이 두루뭉술하게 섞여 있고, 이 문제를 판단하는 정부의 의도가 강력하게 반영되는 것에 가깝다. 따라서 정부의 의도에 따라 정답이 달라지게 된다. 국토 균형 발전이라는 가치를 중시하는 정부라면, 지방 중심적 시각에서 정답을 만들어 낼 수 있다. 가치적 판단과 수학적 판단을 두루뭉술하게 섞어, 국토 균형 발전이라는 가치의 비중을 더 높여 수학적 판단과 상관없이 국토 균형 발전을 정답으로 도출해 낼 수 있도록 지역 격차 문제의 구조를 설정하는 것이다.

반대로 서울 중심적 시각에서는 국토 균형 발전을 실질적으로 달성해 낸 국가는 현실적으로 거의 존재하지 않으며, 효율성의 측면에서 볼 때, 예산 투입의 효과가 비효율적일 확률이 높은 지방보다는 경쟁을 통해 효율성을 달성할 확률이 더 높은 서울에 보다 많은 예산을 투입하고, 정책적 중심을 두는 것이 정답이라는 구조를 형성할 수 있다. 그리고 국토 균형 발전이라는 가치를 외면하지 않는다는 것을 설득해 낼 수 있는 수준의 예산을 지방에 양보하는 구조 설계도 가능하다.

결국 지역 격차의 원인 진단과 대책 수립이 문제를 바라보는 시각과 상황에 따라서 달라지게 된다. 좀 더 간단하게 문제를 설정하면, 서울에 사는 사람에게는 서울 중심적인 문제의 진단과 해결책이 정답이 되고, 지방에 사는 사람에게는 지방 중심적인 문제의 진단과 해결책이 정답이 되는 것이다. 물론 서울에서도 지방 중심적 시각을 가지고 있거나, 지방에서도 서울 중심적 시각을 가지고 있는 사람들이 있을 수 있지만, 그러한 의견은 소수이기 때문에, 그리고 지역의 이해관계에 어긋나기 때문에 다수에 의해 쉽게 정리될 수 있다.

그리고 지역 격차 문제는 수학적 판단만으로 진단하고 해결할 수 있는 것이 아니라, 국토 균형 발전이라는 가치적 판단이 중요하다고 주장할 수 있는 부분이 존재한다. 따라서 수학적 판단이 항상 맞는 것이 아니라, 대략적으로 맞는 문제가 되고, 이는 정답에 대한 판단을 어렵게 만든다.

다시 말하면, 지역 결차 문제는 문제점에 대한 정확한 진단이 어렵고 이해관계에 따라 달라지는 구조를 가지고 있기 때문에, 정확한 진단이 문제의 해결로 이어지는 구조가 성립하기 어렵다. 이러한 상황에서는 지역 격차가 존재하고 정책적으로 해결하기 어려운 문제임을 인정하고, 지역 격차를 해결하기 위해 노력하기보다는 어떻게 받아들이는 것이 사회적으로 최선일지를 모색하는 것이 정답이 될 수 있는 것이다. 실제로 지방 소멸 문제를 먼저 겪었던 일본의 경우를 보면, 지방 소멸을 방지하기 위한 정책들은 일시적 효과를 거두기도 하였지만, 결국 재정적 지원을 통해 인구를 유입하고, 유입된 인구가 유지되지 않아 지방의 재정만을 악화시키는 결과를 가져왔다고 평가되고 있다.

지역 격차에 대한 현실적 해결책

강남의 아파트 가격은 합리적인 상황에서 판단할 수 있는 수준보다는 더 많이 상승한 측면이 있다. 그리고 여기서는 강남 아파트 가격 상승을 해결하는 정책에 대한 제안을 통해, 지역 격차를 해결하는 것이 왜 현실적으로 어려운지에 대해 설명한다. 그리고 지역 격차를 해결하기 위한 현실적인 해결책을 제시하고자 한다. 여기서 현실적 해결책이란 문제를 해결하는 것이 아니라, 최대한 합리적으로 받아들이는 것을 의미한다.

후행변수: 다른 것들이 다 변하고 난 뒤에 변하기 시작하는 변수를 말한다.

임금은 경제학적으로 후행변수•이다. 아파트 가격이 오르고 물가가 오르면 가장 마지막으로 임금이 오르게 된다. 따라서 임금을 모으는 속도보다 아파트 가격이 오르는 속도가 훨씬 더 빠르다는 것은 경제학적 측면에서는 이상하지 않다. 그리고 이는 우리나라의 경제가 성숙 단계에 접어든 이후에는 경험적으로도 확인된 사실이다.

경제학적으로 아파트 구매는 이자율에 의해 결정된다. 아파트 가격의 예상 상승률이 대출이자율보다 높으면 구매하고, 아파트 가격의 예상 상승률이 대출이자율보다 낮으면 기다리면 된다. 물론 미래의 아파트 가격 상승률을 정확하게 예측할 수 없기에, 아파트를 사는 것은 위험성을 안고 실행하는 투자이다. 하지만 경험적인 측면을 고려해 볼 때 서울 강남의 아파트 가격 상승률은 대출이자율보다 높은 시기가 더 많았다.

아파트를 소유하고 있는 사람도 소유하지 못한 사람도 투표권은 하나이기 때문에 정부와 여당에서는 아파트를 소유하지 않은 사람을 위한 부동산 안정정책이 중요한 이슈가 된다. 하지만 정부가 아파트 가격을 안정시키지 못한다는 것 또한 경험적인 사실이다. 그 이유에는 여러 가지가 있겠지만 가장 직접적인 원인은 두 가지라고 생각한다.

하나는 아파트를 지을 수 있는 토지의 공급을 정부가 늘릴 수 없다는 것이다. 국토의 면적은 거의 고정되어 있고, 국민들이 살기 선호하는 서울특별시의 면적도 한정되어 있기에 아파트를 공급하는 데 어려움이 따른다. 다른 하나는 강남을 슬럼[•]으로 만드는 것을 감내할 정도의 정책적 결단이 있어야 부동산 가격에 대한 자기실현적 기대심리가 사라진다는 것이다.

슬럼: 저소득층이 밀집한 도시의 주거지역을 뜻하는 단어다.

부동산 가격이 비싸기로 유명한 뉴욕의 맨해튼에는 할렘이라고 불리는 슬럼가가 있다. 할렘은 19세기만 하더라도 상당히 전원적인 분위기의 상류층의 주거지였다. 하지만 1901년 발효될 예정이던 주택법안을 피하기 위해 급속도로 개발되었고, 주택 과잉공급이 이루어졌다. 그러자 월세가 급격하게 하락하였고, 저렴한 월세를 선호하는 저소득층이 몰려들어 슬럼가로 변하였다. 할렘의 경우를 보면, 강남의 아파트 가격을 잡을 수 있는, 현실화되기는 어렵지만 유일한 방안이 보인다. 강남을 슬럼으로 만들면 되는 것이다.

고층 아파트를 무제한으로 지을 수 있게 허가를 내주면 민간 건설업자들은 스스로 통제가 불가능한 수준으로 아파트를 짓게 된다. 이로써 강남에 아파트의 공급과잉[•]이 나타나면 집값이 하락하게 되

공급과잉: 공급이 시장의 균형점보다 더 많이 발생하는 상황을 말한다. 아파트의 경우 건설이 완료될 때까지 걸리는 시간이 있기 때문에 공급에 시차가 발생하게 되고, 이는 공급과잉으로 이어지는 경우가 많이 발생한다.

고, 부동산 가격의 안정이 이루어질 수 있게 된다. 지금과 같이 강남의 아파트 재건축을 정부가 통제하는 상황은 공급제한•을 통해 실질적으로는 강남의 아파트 가격을 정부가 지지해 주는 것과 큰 차이가 없다.

그리고 강남의 아파트 공급과잉을 막는 재건축 정책을 포기하지 못한다면, 차라리 정부가 아무것도 하지 않는 것이 도움이 된다. 이 또한 경험적으로 확인된 사실이다. 다시 말해, 강남을 슬럼화되는 것을 감내하면서까지 아파트 가격을 잡겠다는 정책적 결단이 없는 상태에서 추진하는 부동산 정책은 역설적으로 강남의 아파트 가격과 가격 상승에 대한 기대심리를 공급제한을 통해 지지하는 정책이 되는 것이다.

이러한 시각은 경제적 측면이 강조되었다고 할 수 있다. 관점을 달리하여, 강남의 아파트를 가치적 시각으로 설명하면 강남이라는 경계선 안쪽에 있는 사람들이 강남이라는 경계선 바깥에 있는 사람들을 구분짓는 것이다. 그리고 그러한 구분에는 아파트라는 자산의 가격 상승과 교육적 수월성이 동반된다고 해석된다.

공급제한: 정부가 공급되는 물품의 수량을 통제하는 것을 말한다. 이는 정부가 시장에 직접 개입하는 것이라고 할 수 있는데, 전쟁과 같이 긴급한 상황에서는 유효한 정책일 수 있지만, 그렇지 않은 경우에는 시장에 맡겨 두는 것이 더 효율적인 것이 일반적이다.

하지만 경제적 시각과 가치적 시각이 지목하는 문제의 원인과는 다르다고 하더라도, 그러한 원인에 대한 진단 차이와는 별개로, 지난 20년간의 정부 정책에서 볼 수 있듯이 부동산 가격을 안정시키기 위한 정부의 정책은 실패하였다. 오히려 부작용으로 부동산 가격의 상승만을 가져오는 경우가 많았다. 지역 균형 발전을 위한 정책 역시 비슷하다. 여러 정책이 있었지만, 수도권으로의 집중만을 가져왔다.

현실은 Krugman(1991)이 예측하는 것과 비슷하게 비효율성만을 높이는 것에 가깝다. 그리고 높아진 비효율성은 오히려 격차를 더 커지게 만든다. 이럴 경우에는 정부가 지역 격차를 해소하기 위한 정책을 오히려 시행하지 않는 것이 장기적으로 더 도움이 될 수 있는 것이다. 하지만 단기적 정책에서 오는 긍정적인 효과가 있고, 어려움을 겪는 지방의 상황에서 그러한 단기적 정책을 포기하는 것도 어렵기에 문제가 생기게 된다.

이는 경제학의 거시경제학 분야에서도 해결하기 어려운 문제로 지적된다. 다른 예를 들어 설명하면, 태풍 피해가 자주 발생하는 지역에는 장기적으로 사람들이 살지 않도록 하는 정책이 효과적이다. 그렇게 되면 태풍 피해가 발생하더라도 문제가 되지 않아, 근본적인 해결이 가능해진다. 하지만 이 지역에 사람이 살아서 태풍 피해가 발생하면, 피해를 복구해 주는 정책이 단기적으로 불가피하다.

문제는 이 지역의 피해를 복구해 주면, 장기적으로 그곳에 사는 사람들을 모두 이주시키기 어려워진다는 점이다. 태풍 피해지역에 사는 사람들은 피해가 발생하더라도 정부가 복구해 줄 것을 예상할 수 있으므로, 그 지역에서 이주를 하지 않는 것이 합리적 선택이 되기 때문이다. 그러나 일단 태풍 피해가 발생한 이후에는 정부가 장기적인 주민 이주에 어려움이 있다는 이유로 단기적 피해 복구를 시행하지 않기도 어렵다. 따라서 문제의 근본적인 해결이 어려워진다.

태풍 피해가 자주 발생하는 지역의 주민들을 모두 이주시키는 것이 장기적으로 바람직하지만, 이주가 완전히 이루어지지 않은 상태에서 피해가 발생하면 정부는 단기적으로 복구에 나설 수밖에 없기 때문이다. 따라서 장기적 해결책은 추진되지 못하고, 비효율적인 단기적 해결책만을 반복하는 상황이 된다.

또한 그러한 상황에서 주민들의 행동에도 변화가 나타나게 된다. 단기적 해결책을 예상하고, 이주를 하기보다는 태풍의 피해가 예상되는 기간 동안만 다른 지역으로 옮겨가고, 피해가 발생하면 정부의 복구정책의 혜택을 이용하는 것이 이익이라는 것을 알게 되는 것이다. 실제로 미국의 특정 지역에서는 이러한 상황이 발생하기도 한다. 태풍 피해로 인한 보상금을 받아 기존의 집보다 더 큰 집을 지으면, 이후 태풍 피해가 다시 발생하였을 때의 보상금은 오히려 더 커진다. 그리고 그 보상금은 더 큰 집을 짓는 데 사용된다. 따라서 주민들은 장기적 해결책인 이주보다는 단기적 해결책이 반복되는 것을 선호하게 된다. 장기적 이주는 어려워지고, 문제의 구조가 고착화되고, 비효율성만 높아지게 되는 것이다.

지역 격차와 지방자치

가치적 시각에서는 이러한 정책의 실패를 의사결정의 비민주성과 불투명성에서 찾기도 한다. 하지만 지역 격차가 공고화되는 것은 비효율적 정책의 부작용일 확률도 높다. 또한 함께하기와 공공성의 가치를 지향하는 지방자치의 실질적 의사결정 과정을 보면, 현실은 다르다는 것을 관찰할 수 있다.

지역 격차 문제와 관련해서 지방자치 문제를 살펴보는 것도 중요하다. 현실적으로 서울과 지방의 격차는 지방자치제도가 실행된 1995년 이후 오히려 더 악화되는 모습을 보이고 있다. 물론 이는 시점 측면에서만 원인과 결과를 분석하는 방식이며, 이외의 많은 면이 고려되어야 한다. 여기서는 이론적 대안으로서의 지방자치와 현실적 기능으로서의 지방자치에 대해 살펴보고 시점적 분석에 더해서 추가적 분석을 하고자 한다.

지역의 문제를 지역민이 직접 해결하는 것은 가장 이상적인 방법이다. 함께하기와 공공성이라는 가치와도 방향성이 맞다. 하지만 현실에는 다른 측면이 많다. 지방자치가 시작된 이후 긍정적인 효과도 있었지만 서울 집중은 더욱 심화되었다. 지방자치를 통해 지역의 역량을 키워 지역 균형 발전을 이루어내는 것은 논리적 측면에서는 흠잡을 데가 없지만, 목표한 결과는 지방자치제가 실시된 30여 년

간 나타나지 않았다고 판단하는 것이 정확하다.

지방자치의 이상적인 결과가 나타나는 데는 아주 오랜 시간, 예를 들어 백 년이 넘는 시간이 필요할지도 모른다고 판단되는 측면이 있다. 지역의 역량이 쉽게 형성되지 않기 때문이다. 동시에 역량을 키우는 것이 그렇게 절실하게 필요하지도 않기 때문이다.

지방자치가 실시된 지 꽤 많은 시간이 지났지만, 지방 권력에 대한 감시제도를 살펴보면 유명무실하다고 볼 수 있다. 권력 감시를 위한 제도는 실상 거수기에 불과한 경우가 많고, 지방정부는 권력 감시를 실질적으로 무효화시킨다. 권력을 가지고 있는 입장에서는 권력 감시가 유명무실한 것이 편리하다. 예를 들어, 지역의 예산 배분은 공정 경쟁 형식을 취하고 있지만 실질적으로는 공정하지 않은 경우가 자주 발생하며 이러한 문제는 감시되지 않는다. 그 결과 예산은 비효율적인 방식으로 배분된다.

지역 언론의 감시 기능 또한 여전히 가야 할 길이 멀다. 지방정부에서 배포한 보도자료를 선별하기는 하지만 이를 그대로 전달하는 경우가 많은 것이 현실이다. 그리고 그대로 기사화된 보도자료는 다시 행정 우수사례로 지방정부에서 인용된다. 이를 개선하려면 많은 노력이 오랫동안 필요하니, 그대로 유지된다. 감시되지 않는 권력은 지역민의 발전을 위해 노력해야 할 필요성을 느끼지 못하고, 지역발전이 저해되는 것은 당연한 결과다.

지방자치는 이론적으로는 좋은 제도지만, 지역주민은 지역 격차라는 현실적 결과를 미래 세대를 위해 감내해야 한다. 그리고 그 기간은 매우 길 확률이 높다. 한 세대라고 볼 수 있는 약 30년 동안 큰 진전이 없었으니, 다음 세대가 지나도 지방의 역량이 높아져서 지역 균형 발전이 이루어지는 결과는 나타나지 않을 수도 있다. 또한 지방 소멸이 지역불균형 발전의 해소보다 빨리 나타날 확률도 감수해야 한다. 사실 자치 능력의 향상은 인재가 모여들고 예산도 많은 서울에서 더 빨리 이루어진다.

서울의 자치 능력 향상이 지방보다 빠르게 나타나면 지역 균형 발전은 더더욱 달성하기 어려워진다. 유럽연합의 경우를 보면, 유럽연합을 통해 유럽 전체를 단일 수출시장으로 확보한 독일의 생산성 향상이 더 빠르게 나타났다. 오히려 격차는 더 커졌다. 동유럽과 같이 성장이 빠르지 않은 국가들의 빠른 성장을 위해 Cohesion Fund[•]와 같은 특별 예산을 지원해 주었지만 유럽의 균형 발전은 나타나지 않았다. 동유럽 국가 중 일부는 빠른 성장을 위해 지원된 다양한 특별 예산을 축구장을 개선하는 데 사용하기도 하였다. 유럽에서도 그런 결과가 나타나는 것을 보면, 한국의 지방정부를 탓할 수만도 없다. 인재가 모여드는 서울의 생산성 향상이 지방보다 높게 나타나는 것은 사실 당연하다.

Cohesion Fund: 1994년부터 실행되기 시작한 정책자금으로 2023년까지 179 billion euro의 자금이 집행되었다. 유럽 국가들의 경제적, 사회적, 국경적 통합을 목적으로 집행되었다.

지역 균형 발전에 직접적으로 효과적인 것은 강력한 중앙집권제도이다. 현재의 중앙정부, 보다 정확히 말하면 실질적 서울 중심 정부는 지방에 별로 관심이 없게 된다. 중앙집권제도하에서는 지역불균형 문제가 중앙정부의 중점 과제가 된다. 정부가 하나밖에 없기 때문이다. 중앙집권제도에서는 중앙정부와 지방정부의 구분이 적고, 따라서 신경 써야 한다. 지방 소멸 문제는 지방자치제도가 없다면 중앙정부의 잘못이다. 하지만 지방자치제도하에서 지방 소멸 문제는 지방정부가 직접 해결해야 할 문제다. 또한 중앙정부의 과도한 개입은 지방자치를 방해하는 측면이 있다는 명분도 확실하다.

그런 상황에서는 지역 균형 발전을 위한 예산을 적당히 편성하고, 지역의 문제는 지역에서 해결하는 것이 좋다는 명분을 내세우며, 서울의 문제에만 집중하는 것이 현실적인 정답이 된다. 그리고 실제로 그렇게 운영된다. 서울의 문제를 해결하는 것만으로도 충분히 바쁜데, 지방의 문제까지 해결해야 할 필요가 없는 것이다. 특별 예산도 주었으니 할 만큼 하였다고 스스로를 면책할 수도 있다. 특별 예산은 효과가 별로 없었지만, 계속 교부되었다.

구체적으로 균형발전특별회계 사업은 2005년 5조 원 규모로 설치되었고, 2009년까지 9.6억으로 증액되었으며, 2021년까지 10.3조 원 수준으로 10조 규모에서 유지되었다. 이후 2023년까지는 11.7조로 증가하였다. 사업의 효과가 나타나지 않은 것은 자세히 들여다보면, 서울 집중이 과도한 현실에서 비롯된 문제이지, 지방의 잘못만은 아니다. 하지만 특별 예산을 손쉽게 사용한 지방의 잘못도 있으니, 계속 예산 편성을 해 주었다는 것으로 서울은 스스로를 면책하는 것이 가능하다.

정치적인 명분도 있다. 지방의 국회의원 지역구당 유권자 수는 서울보다 적다. 따라서 지방은 적은 인구로 더 많은 국회의원을 확보하게 된다. 인구의 절반이 살고 있는 수도권의 광역단체장은 3명이지만, 지방의 광역단체장은 훨씬 더 많다. 표면적으로 보면, 지방의 정치적 대표성은 인구에 비해 더 큰 것이다. 물론 실질적 정치적 대표성은 앞에서 이야기한 것처럼 수도권이 더 크다. 지역 격차는 거대해졌고, 국회의원이 몇 명 더 많다고, 광역단체장이 더 많다고 해결할 수 있는 단계가 아니다.

하지만 표면적인 지방의 정치적 대표성의 과다함은 수도권 중심의 행정에 명분을 제공하게 된다. 지방의 정치적 대표성이 표면적으로 과다하니, 수도권에 보다 집중해야 하는 것이다. 물론 앞에서 말하였던 것처럼 국회의원 몇 명이 지역 격차를 해결할 수는 없으니, 서울 중심의 사고에 기반한 명목적 정당화에 가깝다.

따라서 지방자치는 현실적으로 힘들고 어려운 길이다. 그렇다고 이론적인 장점이 있는 제도를 행정적으로 포기할 수도 없다. 아주 오랜 시간이 지나면 이론적인 장점이 정착될 수도 있다. 하지만 언제 될지는 모른다는 어려움이 있다. 그리고 높지 않은 확률을 위해 현재를 살아가는 세대는 지역 격차를 감내해야 한다.

그리고 지역 격차는 심화되고 있다. 이론적 측면에서는 효과적으로 느껴지는 지방자치가 현실 문제를 악화시키고 있는 상황에서 지방자치를 포기할 수도 없고, 계속 유지하면 지역 격차가 더 커지는 결과가 나타나는 것이 지방이 현재 마주하고 있는 문제의 현실이다.

저출산, 그리고 서울

지역 격차는 서울에도 영향을 미친다. 지금 한국에서 커다란 문제가 되고 있는 저출산의 원인은 경제 활동의 지리적 집중과 지역 격차에 있다. 지역 격차가 서울에 미치는 부정적인 영향은 지방에 비하면 미미할 것 같지만, 저출산을 통한 인구적 측면에서 이제는 실질적으로 영향을 미치기 시작하였다.

다만 인구 문제이기 때문에 한 세대라고 볼 수 있는 약 30년의 시간이 경과해야 효과가 나타나기 때문에 쉽게 체감하지 못할 뿐이다. 30년 뒤 서울에 사는 사람들은 지역 격차가 서울에 미친 부정적 효과를 체감하게 될 것이다. 그리고 인구와 관련된 부정적 효과는 결과가 실현되었을 때는 단기적으로는 해결할 방법이 전혀 없다는 어려움이 있다.

인구밀도가 높은 곳에서 살면 동물, 식물, 인간을 가릴 것 없이 아이를 적게 낳는다. 2024년 서울의 합계출산율은 기복이 있기는 하지만 0.5명대 정도를 기록하였다. 전국의 합계출산율이 0.7명대 정도이니 대한민국에도 해당되는 말이다. 인구밀도가 낮은 지방에서는 아이를 많이 낳고, 인구밀도가 높은 서울에서는 아이를 적게 낳는다. 따라서 현재 저출산 문제의 근본 원인은 아이를 적게 낳는 수도권에 과도하게 많은 사람이 살고 있는 데에서 찾을 수 있다. 출산율이 낮은 수도권에 인구가 집중되고, 출산율이 높은 지방에 인구가 적게 분포하니 저출산이 나타날 수밖에 없다.

서울의 합계출산율이 0.5라는 것을 단순하게 생각해 보면, 아이가 하나 있는 부모가 그 아이를 서울로 보낼 경우 50%의 확률로 대가 끊긴다는 것을 의미한다. (아이가 둘 있는 부모의 경우 대가 끊길 확률은 대략 25%정도가 된다.) 만약 대는 꼭 아들이 이어야 한다는 전통적 가치관의 소유자라면 대가 끊길 확률은 당연히 더 높아질 수밖에 없다. 그리고 증손자까지 생각한다면 하나 있는 아이를 서울로 보낼 때, 대가 끊길 확률은 75%를 넘어가게 된다. 수학적으로 엄밀하게 계산을 하면 결과값이 좀 달라질 수는 있지만 높은 확률로 대가 끊긴다는 사실에는 변함이 없다.

사실 합계출산율이 0.5라는 것을 보다 정확하게 설명하면 1명의 남편과 1명의 아내가 0.5명의 아이를 낳는다는 것이다. 다시 말해, 2명의 성인이 0.5명을 낳는다는 것이다. 이는 200명의 성인이 50명의 아이를 낳는다는 것이다. 그리고 이를 100명으로 변환하면, 100명의 인구가 25명으로 줄어든다는 것을 의미한다.

2019년 서울의 합계출산율이 0.72였고, 다양한 저출산 대책이 나왔지만 2024년 0.5정도까지 더 하락하였다는 점을 고려하면 대가 끊길 확률은 위의 계산보다 더 높아진다. 코로나19와 그로 인한 사회적 거리두기로 인해 합계출산율이 더 하락한 측면은 있지만, 2024년까지 합계 출산율은 계속 하락하였다. 그리고 반등이 일어난다고 하더라도, 심각한 인구 문제를 해결할 수 있는 수준까지 회복되는 것은 아니다.

인구는 초장기 파동으로 결정된다. 지금 아이를 많이 낳게 할 수 있는 방법도 별로 없지만, 지금 아이를 많이 낳더라도, 지금 태어난 아이들이 성인이 된 후 아이를 더 많이 낳아야 변화가 일어난다. 따라서 2025년 이후로 지속적인 감소가 예상되는 인구는 2040년경부터는 매년 40만 명 이상 줄어들 것으로 예상되며, 이러한 인구감소는 막을 방법이 없다. 감소가 예상되는 시점과 감소되는 인구 규모는 다양한 변수의 영향을 받지만, 장기적으로 크게 감소된다는 사실에는 역시 변함이 없다.

한국보다 지역 소멸 문제와 저출산 문제를 먼저 겪은 일본을 보면, 지금 일본의 청년들은 대학도 쉽게 가고 취직도 쉽게 한다. 인구가 많이 줄어들어서 대학에 가기도 쉽고, 일손이 부족해서 취직도 쉽기 때문이다. 일본과 비슷하게, 지금부터 태어나는 대한민국의 아이들은 대학도 쉽게 가고, 취직도 쉽게 할 확률이 높다. 합계출산율도 떨어질 만큼 떨어져서 더 이상 떨어지기 어려워 안정화되든지 상승할 것이다.

문제는 1990년대 이후에 태어나 대한민국의 고용의 극빙기에 대학을 졸업하는 지금의 청년 세대다. 태어나는 시점을 본인이 정한 것도 아닌데, 취업도 어렵고, 인구 문제가 자연적으로 해결되었을 30년 뒤에는, 일본에서 청년 문제를 겪었던 세대처럼, 중년이 되어 있는 것이다. 그리고 좋은 일자리를 얻지 못해 결혼을 하지 못하고, 미혼으로 부모와 함께 살고 있을 확률도 꽤 높다. 이와 같이 지역 격차와 저출산 문제는 피해를 적게 보는 세대와 크게 보는 세대가 시차를 두고 발생하는 문제인 것이다.

더 나아가 인구 측면에서는, 서울 집중과 지역 격차로 인한 부정적인 효과가 서울에도 영향을 미치기 시작하였다. 합계출산율이 낮더라도 서울은 부족한 인구를 지방에서 흡수해 올 수 있다. 이동성이 높은 청년층들이 대상이다. 하지만 청년 인구를 흡수한다고 해서 모든 문제가 해결되는 것은 아니다. 합계출산율이 낮다는 것은 어린아이들이 적게 태어난다는 것이다. 그리고 어린아이들의 경우 부모의 이동성에 크게 영향을 받는다. 따라서 서울은 청년층을 쉽게 흡수할 수 있는 것처럼, 어린아이들을 쉽게 흡수할 수는 없다. 아이를 낳지 않고, 어린아이들을 지방에서 쉽게 흡수할 수 없으니, 서울에 어린아이들이 부족해지게 된다.

성인, 특히 어린아이들을 직접 키우지 않는 사람들에게는 어린아이들이 부족한 것이 큰 문제로 느껴지지 않을 수 있다. 그리고 당장 피해가 체감되는 것도 아니다. 하지만 인구 문제가 계속 누적되어 심각해진 지금은 그 결과가 서서히 나타나고 있다. 인구 문제는 초장기 파동으로 나타나기 때문에, 우선 어린이집과 유치원과 같은 시설들의 폐업이 일어나게 된다. 그리고 시간이 더 지나면 초등학교의 폐교와 통폐합으로 이어지게 된다.

초등학교의 폐교와 통폐합은 지방의 문제라고만 생각하였지만, 서울도 영향을 받는 것이다. 초등학교의 폐교와 통폐합이 아니더라도 학생 수가 줄어들게 되면 교육 서비스 제공에 영향을 미친다. 현재 초등학교에서 이루어지고 있는 방과후 수업•이나 급식과 같은 서비스가 적은 인원으로 경제성을 상실하게 된다.

방과후 수업: 초등학교 1학년의 경우 오후 12시 30분에서 1시 30분 정도에 정규 수업이 끝나기 때문에, 방과후 수업이라는 수업을 선택하여 수강할 수 있다. 컴퓨터 수업이나 국어, 영어, 수학 수업, 예체능 수업 등이 이루어진다. 방과후 수업을 많이 수강하면, 하교 시간이 최대 5시 정도까지 늦어질 수 있다.

경제성을 확보하기 위해 초등학교의 폐교와 통폐합이 더 적극적으로 이루어지게 되고, 초등학생들의 통학 거리가 증가하게 된다. 태권도 학원과 피

아노 학원과 같은 교육 기능을 하면서, 보육 역할을 하는 학원의 수도 줄어들게 된다. 2024년에도 서울의 합계출산율은 0.5 수준인데, 악화된 육아 환경이 합계출산율을 더 낮추는 요인이 될 수 있는 것이다. 그리고 시간이 지나가면서, 중학교, 고등학교까지 영향을 미치게 된다. 실제로 서울 지역의 고등학교 폐교도 나타나고 있다.

고등학교 폐교는 그 지역에서 고등학생 자녀를 둔 학부모에게는 직접적인 문제로 체감되지만, 다른 사람들에게는 큰 문제로 느껴지지 않기에 전체적으로는 체감도가 낮다. 하지만 앞으로 문제는 누적되어 악화될 것이고, 더 많은 사람들이 체감하게 될 것이다. 실제로 초등학교와 관련된 시설들의 부족, 예를 들어 소아과 부족은 이제 서울에서 명확하게 체감되고, 뉴스화되어 알려지고 있다.

서울이 가진 장점은 이동성이 높은 대학생과 같은 청년층을 지방에서 흡수하여 인구 문제를 어느 정도 해결할 수 있다는 것이다. 하지만 높은 경쟁과 악화된 육아 환경으로 인해 아이를 낳지 않는 선택을 하게 될 확률이 높아진다. 아이를 낳지 않는다는 것은 청년층에게는 크게 문제로 느껴지지 않을 수도 있지만, 중년을 지나 노년에 이르면 이 선택은 심각하게 다가온다. 중장년의 고독사 문제가 한국 사회에서 고령화와 함께 나타나고 있는데, 이러한 선택이 누적되어 문제가 더욱 악화된다는 것이다.

결혼과 육아를 가치적 판단에서 본다면, 시간에 따라 가치가 변할 수 있는 영역이다. 대부분의 사람이 결혼을 하고, 아이를 낳던 시기에는 결혼을 하지 않는 것과 아이를 낳지 않는 것의 가치가 상대적으로 높게 느껴질 수 있다. 하지만 상당수의 사람이 결혼을 하지 않고, 대부분의 사람이 아이를 낳지 않는 시기가 되면, 결혼을 하는 것과 아이를 낳는 것의 가치가 상승하게 된다. 그리고 노년이 되어 고독사가 예측되는 시기가 되면 결혼과 육아의 가치는 상대적으로 더 상승하게 될 확률이 높아지는 것이다.

하지만 이는 지금 서울에 살고 있거나 이주한 청년 세대에게는 크게 인식되지 않는 문제이다. 인구 문제는 초장기 파동으로 결정되므로 해결이 급하지 않은 먼 미래의 일로 느껴지기 때문이다. 하지만 이러한 초장기 파동 문제는 시간이 지나면 해결이 불가능해 진다. 지금 아이를 낳지 않는다는 결정을 한 청년 세대가 중장년이 되어 가치의 변화를 체감하고, 아이를 낳고자 해도 생물학적으로 매우 어렵기 때문이다. 지역 격차 문제는 인구 문제에 이렇게 해결할 수 있는 방법이 없는 형태로 영향을 미치게 된다.

저출산 문제는 결국 서울 집중을 해결하지 않는 이상 그 어떤 정책도 일시적일 뿐이다. 따라서 국토의 균형 발전이 이루어지지 않으면 해결하기 어렵다. 그리고 지역 격차로 인해 발생한 저출산 문제는 서울에도 장기적으로 영향을 미치게 된다. 하지만 저출산 문제는 초장기 파동으로 결정되는 인구 문제이고, 지역 격차 문제 또한 단기간에 해결할 수는 없다.

따라서 저출산 문제는 합계출산율이 최저점에 다다른 뒤에야 해결되는 방식으로 진행될 확률이 높다. 하지만 문제는 최저점에 다다를 때까지의 기간 동안 살아가는 청년 세대다. 지금의 청년 세대는 서울로 이주해서, 악화된 육아 환경으로 아이를 낳지 않고, 노년에 고독사를 맞이하게 되는 결과를 장기적으로 감당해야 하는 것이다.

그리고 그다음 세대는 최저점을 찍은 출산율이

반등하여, 아이를 더 낳고, 노년의 고독사에서 어느 정도 벗어나는 삶을 살게 될 확률이 높아지는 것이다. 그래서 결국 이는 어떤 세대가 자신의 선택과 관계없는 고통을 감내해야 하는 것인가 하는 문제가 된다. 그리고 저출산의 근본 원인인 지역 격차 문제 역시, 비슷하게 세대 간의 문제•가 중요하다.

세대 간의 문제: 일본의 경우를 보면, 인구 문제와 저출산, 청년 문제와 고령화 모두 세대 간 시차가 있는 문제(inter-temporal generational problem)임을 발견할 수 있다. 피해가 적은 세대와 피해가 큰 세대가 존재하는 문제가 되는 것이다.

지역 격차의 세대 간 문제

지역 격차 문제는 이동성이 높은 청년들에게는 해당되지 않는다. 초장기적으로 서울로 이주한 뒤 노년에 고독사를 맞이할 위험이 높아지지만, 당장은 체감하기 어렵다. 반면 지역 격차와 지방 소멸 문제는 이동성이 낮은 나이 든 세대가 실제로 직면하고 있는 문제다. 따라서 세대에 따라 이 문제에 대한 인식이 크게 달라지게 된다.

세대 간의 인식이 극명하게 다르지만 문제가 되지 않다가, 시간이 흐른 뒤에야 사회적 쟁점이 된 사례로는 국민연금이 있다. 지역 격차 문제를 살펴보기 전에, 국민연금의 세대 간 인식 차이를 설명하는 것은 지역 격차의 세대 간 문제 인식 차이를 이해하는 데 유용하다.

현재 청년 세대의 국민연금에 대한 인식은 일방적이다. 청년들은 고갈로 인해 받지 못할 수도 있는 국민연금을 내기 싫어한다. 국민연금에 대한 논의는 5년마다 반복된다. 연금에 대한 개선논의를 5년마다 하기 때문이다. 20년 전의 결론은 연금 고갈을 막기 위해서는 적게 주고 많이 걷어야 한다는 것과 저축식으로 가야 한다는 것이었다.

그러나 지난 20년 동안 국민연금의 고갈 문제는 더 심각해졌을 뿐 전혀 해결되지 않았다. 하지만 나이 든 세대에게 국민연금을 줄이는 것은 그것이 청년층의 희생을 담보로 하더라도 어려운 선택이다. 그리고 이는 청년층에게 경제적 부담이 되기 때문에, 나이 든 세대와 젊은 세대의 국민연금에 대한 인식은 전혀 다를 수밖에 없다.

지방 소멸 문제도 젊은 세대의 인식이 나이 든 세대와는 전혀 다를 수 있는 영역이다. 지방 소멸을 젊은 세대의 입장에서 생각해 보면, 이동성을 가지고 있는 젊은이들에게 지방 소멸은 전혀 문제가 되지 않는다. 젊은이들은 지방이 소멸하면 그냥 떠나버리면 된다. 지방이 소멸할 때 어려움을 겪는 것은 이동성이 낮은, 지역에서 계속 살아야 하는 나이 든 세대다.

지방 소멸 문제를 청년들이 지역을 떠나기 때문이라고, 청년의 잘못으로 돌리는 것은 철저하게 나이 든 세대 중심적이다. 나이 든 세대는 청년들에게는 전혀 문제가 되지 않는 사안을 청년들이 지역을 떠나는 것이 문제라고 나이 든 세대 중심적으로 해석한다. 그런데 현재 나이 든 세대는 과거에 농사짓기를 선호하지 않아서 농촌을 떠났던 사람들이다.

지역 격차 문제를 논하는 데 앞서 국민연금 문제를 설명한 이유는 그러한 방식이 문제에 대한 서로 다른 입장을 완화시켜 제시하는 데 도움이 되기 때문이다. 국민연금이 지닌 문제를 지역 격차가 지닌 문제로 치환하면, 세대 간 인식이 다른 상황에서 지역 격차를 바라보는 입장을 이해할 수 있게 된다.

젊은 세대와 나이 든 세대의 입장은 다르다. 그리고 이동성이 낮은 나이 든 세대 중심적인 입장에서는 자신이 살아가야 하는 지방이 소멸되는 것은 커다란 문제가 된다. 하지만 국민연금의 문제적 구조를 만드는 데 젊은 세대가 잘못한 것이 하나도 없는 것처럼, 지방 소멸이라는 사회적 구조가 발생하는 데 젊은 세대가 잘못한 것은 없다. 지역 격차에 대한 문제는 계속 제기되어 왔지만, 당장 급한 문제가 아니었기에 해결을 적극적으로 하지 않았던 나이 든 세대와 정치인들의 문제가 더 크다.

나이 든 세대는 지방 소멸의 주된 원인을 젊은 이들이 지방을 떠나는 것으로 지적하고 있지만, 나이 든 세대 역시 농촌을 떠나 도시로 나온 사람들이다. 나이 든 세대가 불편해지니 청년들에게 지방을 떠나지 말라고 하는 것은 청년들이 전혀 받아들여야 할 필요성이 없는 해결책이다. 그러니 지역 격차 문제는 국민연금 문제처럼 세대 간 인식과 해결책이 전혀 다르게 되고, 문제가 해결되지 않는다.

또한 국민연금에서 나이 든 세대의 기득권 포기가 사회 전체적으로 필요하더라도 나이 든 세대의 입장에서는 받아들이기 어려운 것처럼, 지역 격차 문제에서는 서울의 장점을 포기하는 것이 사회 전체적으로 필요하더라도 서울 중심적 시각에서는 받아들여지기 어렵다.

하지만 강남의 아파트 가격 문제를 해결하는 실질적 방법은 강남을 슬럼화시켜 강남이 가지고 있는 장점을 모두 포기해야 할 정도의 정책적 결단을 필요로 한다는 것을 다시 한번 생각해 볼 필요가 있다. 저출산 문제에서도 서울 집중 문제를 해결하지 않으면, 그 어떤 저출산 정책도 합계출산율을 충분한 수준까지 반등시키지 못한다는 것도 사실이다.

20년이 넘는 기간 동안 정책을 추진해 왔지만, 결국 문제는 악화되어 왔을 뿐 해결되지 않았다. 따라서 지방 중심적 시각이라고도 볼 수 있는, 서울이 가진 장점을 포기해야 문제의 근본적 해결이 이루어진다는 것은 서울 중심적 시각에서는 받아들이기 힘들겠지만 사실에 가깝다. 다만 실현되기 어렵거나 실현되는 상황에서의 비효율성과 첨예한 이해관계의 대립을 지적하게 되는 것이다.

하지만 지방에 양질의 일자리를 창출하고, 산업과 일자리를 통해 지방 청년을 지방에 정주시켜서 지역 격차를 줄인다는 방식의 정책은 서울의 장점을 약간 포기하게 하는 방식이지만, 20년간 문제를 악화시킨 일본의 사례에서 볼 수 있듯이, 근본적인 문제 해결 방안이 되지 못하고 상황을 계속 악화시킬 것이다. 따라서 서울의 장점을 적극적으로 포기하지 못하는 방식의 지역 격차 축소 정책은 근본적인 문제를 해결하지 못한 채, 문제를 계속 악화시키다가 반등하는 시점에서 해결되기를 기대하는 방식에 가깝다고 할 수 있다.

지역 격차 문제의 해결이 어려운 것은 그러한 이해관계가 첨예하게 가치적으로 대립하기 때문이다. 그래서 이해관계의 대립을 해결하지 못한 채, 국민연금처럼 자신들이 가진 권리적 측면을 포기하지 못하고, 시간이 계속 흘러가게 만드는 것이 서울에는 유리하기 때문이다. 이 경우에 장기적 또는 초장기적으로 일어나는 조정에 의해 문제가 해결되는 상황이 조성되지만, 그 피해는 그 문제를 만든 세대가 아니라 다음 세대가 부담해야 하기 때문이다.

또한 그 문제가 발생하는 기간 동안의 인구구조상 기득권을 가진 세대의 인구가 더 많기에, 정치적인 표 대결을 통해 해결하기도 어렵다. 그러한 상황에서는 미래를 고려하는 사회적 합의가 이루어져야 하지만, 자신들이 가진 권리 측면을 포기해야 하기 때문에 사회적 합의가 쉽지 않고 시간만 계속 흘러간다. 이런 상황에서 취해지는 단기적 정책은 비효율성을 높이고, 오히려 장기적인 문제 해결을 어렵게 만드는 것이다.

7

국제화와 지역 격차

가치적 측면에서 보면 지역 격차를 해소하는 것은 국토 균형 개발을 위해 중요한 문제다. 그리고 국토 균형 개발을 위한 정책을 적극적으로 실행해야 한다. 하지만 현실은 다르다. 국토 균형 개발을 위한 적극적 정책은 비효율성이 큰 경우가 많다. 따라서 미래를 위한 투자적 정책보다는 현재를 위한 소비성 정책이 된다. 그리고 비효율성으로 지역 격차를 오히려 강화시킨다.

벨만 방정식•과 같은 수학적 측면에서 보면 지방의 정치적 지지를 당장 얻을 수 있는 현재를 위한 소비성 정책을 줄이고 미래를 위한 투자적 자본량을 늘리는 것이 중요하다. 가치적 판단과 수학적 판단이 다른 방향을 가리키고 있는 것이다. 또한 저출산과 국민연금 문제에서 볼 수 있는 것처럼 지역 격차는 세대 간 이해관계가 극명하게 달라지는 문제이다. 나이 든 세대와 젊은 세대의 이해관계는 첨예하게 대립한다.

벨만 방정식: 케이크 먹기 모형으로 설명하면, 평생 먹을 수 있는 케이크의 양이 정해진 상황에서 지금 얼마만큼의 케이크를 먹고, 미래를 위해 얼마만큼의 케이크를 먹는지를 결정하는 것이다.

이러한 상황에서 실현 가능한 정답 혹은 실현이 예상되는 정답은 국제화에 있다. 지역 소멸 문제 이전에 한국 사회가 겪었던 문제는 농촌 총각의 결혼 문제였다. 농촌 총각의 결혼 문제는 농촌 소멸 문제와 맞닿아 있었다. 이 문제는 3D 업종의 외국인 노동자 도입 문제로 치환하여 설명할 수 있다. 남성들의 3D 업종에 외국인 노동자가 들어왔듯이, 한국 여성들의 3D 업종이라고 할 수 있는 농촌 총각의 아내 역시 외국인 신부로 대체되었다. 외국인 신부는 농촌의 활성화를 가져오지는 못하였지만, 농촌의 소멸 문제를 완화시켰다. 그리고 현 시점에서 외국인 신부 이외의 대안을 찾는 것은 현실성이 낮아 보인다. 필수 농업인구는 앞으로도 계속 외국인으로 유지될 확률이 높다.

국제 결혼의 문제점이 주로 뉴스에 보도되고 있지만, 국제화의 측면에서 보면, 한국의 농촌 총각과 결혼하여 안정적으로 정착한 베트남 신부들의 경우, 동생과 친척들이 한국에 들어오고, 한국에서 교육을 받을 수 있도록 거점 역할을 하고 있다. 현재 한국으로 오는 외국인 유학생 중 베트남 학생이 상당 부분을 차지하고 있는데, 누나가 결혼을 통해 한국에 안정적으로 정착한 경우, 남동생이 한국으로 와 안정적으로 교육을 받는 상황이 관찰된다. 안정적인 이민 경로로 정착되고 있는 것이다.

일본의 경우를 보면 관광 분야에서의 외국인 관

광객 유입이 두드러진다. 일본의 외국인 관광객 수는 2010년 초반까지 1개월에 70만 명 정도의 수준에서 2024년 10월에는 1개월에 330만 명 수준까지 증가하였다. 코로나19 기간에는 관광객이 거의 없었고, 코로나19 직전의 기간에는 약간 줄어드는 추세가 관찰되기도 하였지만, 1개월에 70만 명 수준에서 1개월에 300만 명 수준으로 증가하였기에, 300만 명에서 250만 명 정도로 줄어드는 것은 큰 문제가 없었다. 70만 명에 비해서는 여전히 큰 폭의 증가량이기 때문이다.

일본을 방문하는 외국인 관광객의 증가는 일본의 지방 소도시 관광지의 방문으로도 이어졌다. 과거 일본 내국인 관광객을 위하여 만들었던 지방 소도시 관광 인프라는 구글 맵이나 구글 번역기와 같은 정보통신 기술의 발달로 외국인 관광객도 이용가능한 인프라로 전환되었다. 일본을 찾아가는 외국인 관광객 중 큰 비중을 차지하는 한국인은 이러한 기술을 활용해 대중교통으로 일본의 지방 소도시를 방문하고, 현지 관광 인프라를 적극적으로 이용하고 있다.

최근 한국에서는 지방 소멸 문제의 대안으로 활

동인구라는 개념을 도입하려 하고 있다. 주민등록상의 주거지와는 다른 곳에서 활동하고 있는 사람까지도 인구에 포함시키겠다는 것이다. 겉으로 보기에는 그럴듯한 논리로 보일 수도 있지만, 행정적 편법일 뿐이다. 인구가 줄어들고, 지방이 소멸해 가는 과정에서, 근본적인 문제를 해결할 수 없으니, 주민등록인구와 활동인구로, 1명의 사람을 2명인 것으로 계산하겠다는 것이다.

인구 문제와 저출산, 청년 문제와 국민연금과 관련된 정부 정책의 신뢰도가 낮고, 문제가 해결되지 않은 채 악화되는 것에는 장기적으로 문제를 만들지만 단기적으로 긍정적인 효과가 있어 보이는 행정적 편법을 해결책으로 삼기 때문일 수 있다.

하지만 외국인 방문자와 관광객의 확대를 통한 활동인구의 증가는 행정적 편법이 아니다. 실제로 활동하는 인구가 증가하는 것이다. 그리고 언어 장벽은 어학 교육에 대한 한국 사회의 높은 투자와 인공지능을 활용한 번역과 같은 기술적 진보로 점점 더 낮아지고 있다. 인구가 줄어드는 상황에서 서울 집중이 해결되지 않으면, 국토 균형 발전을 제로섬 게임•이 아닌 방식으로 해결하는 방법은 이민과 관

제로섬 게임: 결과를 더하면 0이 되는 구조를 뜻하는 단어이다.

광밖에 없다고 판단된다. 지방의 특정 지역을 산업과 일자리로 소멸하지 않게 만들 수 있을지는 모르지만, 흡수하는 인구가 다른 소멸하는 지방의 인구라면 아무런 의미가 없는 것이다.

부산과 가까운 일본의 후쿠오카를 가면 한국인 관광객이 매우 많은 것을 관찰할 수 있다. 캐널 시티와 같은 주요 관광지에 가면 한국어가 매우 많이 들린다. 일본 다이소 매장이나 스마트 패드가 설치된 식당에 가면, 계산과 주문을 위한 스마트 기기에서 한국어를 선택하여 편리하게 계산할 수 있다. 관광을 통해 일본 문화를 체험하고 싶은 사람들에게는 후쿠오카에 한국 관광객이 많은 상황이 그다지 달갑지 않을 수 있다. 하지만 국경이라는 개념을 생각하지 않고, 국제화라는 관점에서 본다면, 후쿠오카에 한국인이 많이 가는 것은 좋은 일이다. 그리고 일본 문화를 좀 더 체험하고 싶은 관광객들은 일본 소도시 여행을 시작하였다.

또한 상호적 측면에서 본다면, 부산에도 일본인이 더 많이 방문한다면 좋은 일이 될 것이다. 부산에서 일본어를 듣는 것이 이상하지 않고, 부산의 다이소 매장이나 식당에서 스마트 기기를 통해 일본어를 선택하고 손쉽게 계산할 수 있다면, 꼭 나쁘다고는 볼 수 없다. 중국인도 후쿠오카나 부산을 많이 방문하고 활동하게 된다면 더 좋은 일이 될 것이다. 정보통신 기술과 인공지능의 발달이 언어의 장벽을 없애주면서, 젊은 세대는 꾸준히 그 방향으로 나아가고 있다.

나가며

지역 격차 문제는 세대 간의 시각이 전혀 다른 문제다. 앞에서도 많이 이야기하였듯이 이동성이 높은 젊은이들에게 지역 소멸은 전혀 문제가 되지 않는다. 그냥 떠나면 된다. 지역 소멸 방지를 위해 예산을 사용하는 것은 이동성이 낮은 나이 든 세대를 위한 소비에 가깝다. 국토 균형 발전이라는 가치적 측면이 있고, 지방에 살고 있는 나이 든 세대에게도 투표권이 있기 때문에, 이동성이 낮은 나이 든 세대를 위한 소비가 꼭 나쁘다고는 할 수 없다.

하지만 효율성의 측면에서 보면, 소비가 아닌 미래의 자본량을 늘리는 방향으로 한정된 자원을 배분하는 것이 더 좋다는 것이다. 국토 균형 발전을 위한 예산이 소비성이 강한 분야에 투입되기보다는, 일본의 사례를 참고해 외국인 관광객과 외국인 활동인구를 유입할 수 있는 방향으로 활용되는 것이 바람직하다. 일본에서는 본래 내국인 관광객을 위해 지방 관광 인프라를 확장하였지만, 정보통신 기술의 발달과 맞물려 외국인 관광객도 사용할 수 있는 인프라로 변경되었다. 이러한 방식으로 한정된 자원을 사용하는 것이 장기적으로는 미래의 자본량을 증가시키는 데 더 효율적일 수 있다는 것이다.

다시 말하면, 지방 소멸을 방지하기 위해 한정된 예산을 투입해야 하는 부분은, 미래를 위한 투자를 통해 지방을 살기 좋게 만드는 방향이어야 한다는 것이다. 양질의 일자리를 제공해 줄 테니 본인의 선택과는 상관없이 어려움을 겪고 있는 젊은 세대에게 지방에 정주하라고 하는 정책은 실패해 왔고 앞으로도 실패할 것이 명확하다. 또한 양질의 일자리라는 것이 쉬운 일을 하면서 일하는 것보다 돈을 많이 받고 자기계발은 별로 없는 형태의, 일종의 지방 공기업과 같은 형태의 일자리라고 한다면, 바람직한 방향이 아니다.

그런 일자리는 행정적 분류상에서는 양질의 일자리로 구분될 수 있겠지만, 꿈을 가진 젊은이들에게는 양질의 일자리가 아니다. 자기 계발을 할 수 있고, 더 넓은 세상으로 나아갈 수 있는 일자리가 양질의 일자리인 것이다. 그리고 이러한 환경에 일본인, 중국인을 포함한 다양한 외국인들이 많이 와서 활동하게 만드는 방향이 중요하다.

물론 그러한 환경은 서울에서 더 쉽게 조성된다. 하지만 지방이 가진 장점도 있다. 지방의 소멸은 장기적 추세로는 뒤집기 어렵기 때문에 어쩌면 실패해도 큰 상관이 없다. 젊은이들은 지방에서 실패해 보고 떠나도 된다. 떠나는 곳이 꼭 한국이 아니어도 괜찮을 것이다. 실패해도 큰 차이가 없는 곳에서 높은 자유도를 누리며 경험을 쌓는 것을 지원해 준다면, 결과와는 관계없이 지방의 훌륭한 공격 전술이 될 것이다.

현재 지방의 청년정책은 청년을 지방에 정주시키는 것에 중점을 두고 있는 측면이 있다. 지방의 예산으로 혜택을 받은 청년이 서울로 떠나면 안되는 것이다. 수비 위주의 전략이라고 할 수 있다. 하지만 공격은 목표가 다르게 설정된다. 청년을 정주시키는 것이 아니라 데리고 오는 것이 목표가 된다. 공격은 안정성이 중요한 수비와 다르게 좀 더 모험적일 수 있다.

서울로 이동성이 높은 청년들을 빼앗기는 것은 어쩔 수 없는 부분이다. 하지만 서울로 간 청년들이 다 서울에서 성공하는 것은 아닐 것이다. 실패하는 청년들도 많을 수밖에 없다. 그렇다면 성공 확률을 최대한 높인 뒤에 서울로 올라가고 싶은 청년들도 있을 것이다. 실패하고 내려오는 청년들도 있을 것이다. 그런 청년들도 지방 청년정책을 통해 적극 지원해 주면 생각과는 다르게 공격적 정책이 된다.

행정적으로는 전혀 말이 되지 않는 것처럼 보일 것이다. 지방의 예산을 사용하였는데, 서울로 가면 손해라고 생각할 것이다. 지방이 서울을 위한 인큐베이터냐는 의문을 제시할 것이다. 하지만 인큐베이터가 되지 않기 위해 청년들을 정주시키려고 정책을 실행하였지만, 결과적으로는 오랜 기간 실패만이 나타났다.

'인큐베이팅•'은 '정주'보다는 공격적 요소가 포함된 전략이라고 할 수 있다. 인큐베이팅 시스템을 효과적으로 구축하면 청년들이 양질의 지원을 받기 위해 모여들 수 있다. 비록 성장한 청년을 서울로 빼앗기더라도, 지속적으로 인큐베이팅을 제공하여 새로운 청년을 흡수한다는 전략을 세울 수 있다.

인큐베이팅: 정책의 경제적 측면에서는 시장 경쟁에서 생존하기 어려운 초기 스타트업을 정부가 정책적 지원을 통해 스스로 생존이 가능한 상태까지 육성해 주는 것을 의미한다.

서울에서 실패한 청년들 또는 인큐베이팅 시스템이 미흡한 다른 지방에서 청년들이 오도록 해도 된다. 인큐베이팅 중심의 청년정책에 '정주'라는 목표가 빠지면, 인큐베이팅 전략에 자유도가 높아지게 된다. 그리고 그 자유도는 변화를 가져올 수 있다.

미국 중서부에 있는 한 대학의 경제학과는 그렇게 성공하였다. 젊은 경제학자들을 잘 키워냈고, 또 더 좋은 명문 학교에 빼앗겼다. 하지만 그 대학을 거쳐, 더 좋은 대학으로 옮겨가는 것을 본 젊은 학자들이 계속 모여들었다. 모든 대학에서 그러한 방식으로 성공을 할 수는 없지만, 좀 더 많은 대학이 그러한 방향으로 나아가는 것을 목표로 하는 것이 더 미래 지향적임은 확실하다.

지방 예산을 받은 청년들이 서울로 가면 안된다는 생각은 칸막이 행정에서는 맞지만 동시에 근시안적이고 또 실패하였다. 청년을 빼앗겨도 다시 모아오는 목표를 세우고, '정주'라는 목표를 지워 청년들이 자유롭게 이동할 수 있게 해 주고, 서울과 그리고 다른 나라와 유기적으로 연계해 주면서 변화를 만드는 것이 미래 지향적인 방향이다. 청년들의 이동이 양방향으로 실행되면 변화가 나타날 것이다. 서울이 가진 정주 여건은 좋지만, 또 경제적으로 감당하기 어렵다. 따라서 지방에 청년이 선호하는 여건 하나는 만들 여지가 존재하게 된다.

지방이 가진 장점이 있다면 생존을 위한 경쟁이 치열한 서울에서는 누릴 수 없는 높은 자유도라고 할 수 있다. 높은 자유도를 선호하는 청년들에게 인큐베이팅을 제공하고, 실패해도 용인해 주며, 서울과의 연계도 강화해 준다면, 꿈꾸는 청년들에게는 기회가 된다. 청년들의 꿈을 '정주'라는 기준에 얽매이지 말고, 칸막이 없이 지원해 주는 것으로 지방의 공격 전술을 정립하는 것이 더 효과적일 것이다. 지방의 예산을 받은 청년들이 실패한다고, 성공하고 떠난다고 아까워하지 말아야 한다. 지방의 예산을 받았으니 지방에 '정주'하라고 하는 전략은 계속 실패해 왔다. 이동성을 가진 청년들은 이동한다. 그 이동의 방향을 한쪽 방향에서 양쪽 방향으로 만드는 것이 중요하다. 일본 후쿠오카의 청년창업센터는 외국인도 지원한다. 청년들의 미래에 행정이 칸막이를 치지 않고 있는 것이다.

행정적으로는 서울 청년과 지방 청년이 있겠지만, 사실 모두 다 대한민국의 청년이다. 그들이 일본과 중국에서, 세계에서 활동하는 청년들이 되도록 하는 것이 더 미래 지향적인 방향이다. 그러면 지역 격차는 전혀 중요하지 않은 문제가 될 것이다. 지역이라는 행정적 개념의 칸막이를 없애고, 지역이라는 개념이 전혀 중요하지 않게 만들어 버리는 것, 어쩌면 그것이 지역 격차 문제의 유일한 해법일 수 있다.

참고문헌

곽노완(2013), 「도시 및 공간 정의(正義)론의 재구성을 위한 시론 –에드워드 소자의 '공간정의'론에 대한 비판적 재구성을 위하여–」, 『철학사상』 49, 289~310.

김승환(2021), 「공간 정의와 포용 도시를 향한 도시 신학적 비전」, 『신학과 실천』 77, 749~775.

김용창·정준호·정진영(2019), 『자산불평등 완화를 위한 주택정책 개선방안 연구』.

박선미(2023), 「공간 정의의 관점에서 본 한국지리 교과서의 지역 격차 내용 특성과 문제점」, 『한국지리환경교육학회지』 31(4), 75~89.

손준종(2004), 「교육논리로서 '능력주의' 재고」, 『한국교육학연구』 10(2), 135~153.

울산발전연구원(2018), 『울산옛터비에 담긴 기억들』, 울산발전연구원.

유동우(2020~2023), 「경제옹알이」, 경상일보.

장재홍(2011), 「워싱턴 컨센서스 이후의 지역정책 논의 동향과 시사점」, 『공간과 사회』 21(3), 129~165.

조명래(2013), 「격차의 새로운 양상과 통합적 균형발전」, 『NGO 연구』 8(2), 1~40.

한삼건(2015a), 「일제강점기 공단 개발 추진됐던 울산」, 경상일보.

_____(2015b), 「일제 강점기 울산공업도시 계획수립」, 경상일보.

현대건설(2017), 『열다 짓다 그리고 잇다』, 제2권, 『짓다』, 현대건설.

Barca, F.(2009), "An Agenda for a Reformed Cohesion Policy - A place - based approach to meeting European Union challenges and expectations," European Commission, Brussels.

Krugman, P.(1991), *Geography and Trade*, MIT Press, Cambridge, MA.

_____(1994), "The Myth of Asia's Miracle," *Foreign Affairs*, 73(6), 62~78.

_____(1999), "What Happened to Asia," Sato, R., Ramachandran, R. V., Mino, K. (eds.), In *Global Competition and Integration*, Research Monographs in Japan-U.S. Business & Economics, 4, 315~327, Springer, Boston, MA.

Myers, D.(1983), "Emergence of the American manufacturing belt: an interpretation," *Journal of Historical Geography*, 9, 145~174.

OECD(2009a), *Regions Matter: Economic Recovery, Innovation and Sustainable Growth*, Paris.

_____(2009b), *How Regions Grow: Trends and Analysis*, Paris.

Rhode, P.(1988), "Growth in a high-wage economy: California 1890-1920," mimeo, Stanford.

Soja, E. W.(2010), *Seeking spatial justice*, Univ of Minnesota Press, Minneapolis.

The World Bank(2009), *World Development Report 2009: Reshaping Economic Geography*, Washington D.C.

Venables, A. and P. Krugman(1990), "Integration and the competitiveness of peripheral industry," Bliss, Christopher and Braga de Macedo, Jorge (eds.), In *Unity With Diversity in the European Economy: the Community's Southernfrontier*, 56~75, Cambridge University Press, Cambridge.

Young, I. M.(1990), *Justice and the Politics of Difference*, Princeton University Press, Princeton.

찾아보기